从精益生产到智能制造

汽车精益智能物流系统实务

江支柱　董宝力　编著

机械工业出版社

汽车行业正逐步从大批量生产向多品种、小批量的柔性生产过渡。本书为"从精益生产到智能制造"丛书中的一册，书中主要以汽车精益智能物流体系为主要内容，介绍平准化物流、物流同步拉动和台套式配送等方法，同时对发动机的精益智能生产与物流、零部件厂商的同步生产与拉动、第三方物流的柔性精益生产进行系统介绍。

本书可供高校工业工程、物流、自动化、企业管理等相关专业学生学习，也可供汽车企业生产管理与信息化管理人员，以及智能制造相关领域的技术人员参考。

图书在版编目（CIP）数据

汽车精益智能物流系统实务／江支柱，董宝力编著．—北京：机械工业出版社，2018.5（2022.7重印）
（从精益生产到智能制造）
ISBN 978-7-111-60471-6

Ⅰ．①汽⋯　Ⅱ．①江⋯ ②董⋯　Ⅲ．①丰田汽车公司—互联网络—应用—物流管理　Ⅳ．①F431.364

中国版本图书馆 CIP 数据核字（2018）第 159881 号

机械工业出版社（北京市百万庄大街 22 号　邮政编码 100037）
策划编辑：赵海青　　　责任编辑：赵海青
责任校对：王　欣　　　责任印制：单爱军
北京虎彩文化传播有限公司印刷
2022 年 7 月第 1 版·第 3 次印刷
180mm×250mm·16.25 印张·231 千字
标准书号：ISBN 978-7-111-60471-6
定价：69.00 元

凡购本书，如有缺页、倒页、脱页，由本社发行部调换

电话服务	网络服务
服务咨询热线：010-88361066	机 工 官 网：www.cmpbook.com
读者购书热线：010-68326294	机 工 官 博：weibo.com/cmp1952
010-88379203	金 书 网：www.golden-book.com
封面无防伪标均为盗版	教育服务网：www.cmpedu.com

丛书序一

随着中国制造业的转型升级，新兴技术的不断推动，制造企业对精益生产与智能制造的需求日益强烈。不少企业纷纷聚焦于精益生产与智能制造的企业应用。但是，无论是精益生产，还是智能制造，都是一项长期、复杂的系统工程，要求实施企业需要具有一定的基础和方法。

友嘉集团作为全球最大汽车整厂自动化生产设备供货商和全球第三大机床制造集团，自 20 世纪初开始导入精益生产体系，目前也在向智能制造方向迈进。在精益体系持续导入的基础上，友嘉集团着力构建以"精益生产 + 智能工厂"为核心的智能制造建设，建立精益化、数字化、智能化工厂。在导入的过程中，通过不断学习与实践，感悟精益生产与智能制造的本质，充分意识到精益理念与智能制造基础是智能工厂导入的关键，二者密不可分。

智能制造是以信息化、自动化和智能化三化合一的一个渐进过程，其中生产过程的合理化与标准化是前提。就企业生产管理而言，组织、流程与系统是最主要的三个元素，是企业成功的关键。组织、流程与系统三者可以形象地比喻为：组织是器官，流程是血液，系统是神经。企业只有通过不断内外兼修，才能不断提升生产管理水平。

生产组织的层次粒度包括行业、联盟、供应链、企业、车间、班组等。对智能制造而言，组织聚焦于数字化车间。数字化车间将信息、网络、自动化、现代管理与制造技术相结合，从而实现面向敏捷、柔性生产。生产执行系统（MES）是数字化车间的核心，通过 MES 实现生产过程的数字化、透明化与智能化。

流程是生产业务和组织运作的主线与固化结果。流程外化表现为体系与标准。而对流程的优化主要是基于精益的思想，从品质、成本、效率、交期等方面展开。流程的合理化与标准化是智能制造的基础，决定了智能制造的实施效果。

对智能制造而言，系统包括两个层面的含义。首先，系统是实现组织正常流程运作的外化产物。智能制造需要根据企业的具体情况，思考如何搭建与企业现状与未来发展相匹配的各种加工设备、自动化系统、信息系统、物流系统等。其次，智能制造涉及大量系统建设，企业应该从自身需求出发，整体性方面思考智能制造的内容、主次和系统间的集成，做到量力而行和循序渐进。

本丛书作者江支柱先生作为丰田生产方式的资深实践专家，长期从事于汽车行业、机械行业、电子行业的精益生产体系导入与相关系统规划，也曾作为友嘉集团的制造长，在集团推行友嘉新生产方式（FNPS）。本丛书作为一本精益生产与智能制造相结合的实务性书籍，对汽车行业车间级的生产执行系统、生产与物流的精益手法以及系统间的整合集成等内容进行系统、深入研究，书中包含了大量的实务方法与企业应用案例。对目前智能制造热潮而言，本丛书的出版恰逢其时。希望本丛书能够对中国制造业水平提升起到一定的帮助作用。

友嘉集团副总裁

丛书序二

随着新一代信息通信技术与先进制造技术的深度融合，全球兴起以智能制造为代表的新一轮产业变革，多品种、小批量的精益柔性生产和以数字化、网络化、智能化为特征的智能制造成为制造业未来发展方向。

丰田生产方式是工业工程与日式生产管理文化结合的产物。精益生产在丰田生产方式基础上，逐步完善并得到普遍推广。精益生产有别于大批量生产，更着眼于多品种、小批量生产背景下的理念创新和方法实践，如平准化计划、流程化生产与看板拉动等的核心运作方式。同时，精益生产另一特点是低成本与人的主观参与，如多能工、自働化等。精益生产体现了效率兼顾成本、生产融合物流、人员产线柔性等生产哲理。

智能制造包括智能生产系统与智能物流系统。通过二者的导入，制造企业实现对各种生产资源要素的组织决策、运作管理与生产执行，达成质量、交期、成本的综合最优。智能生产是一种信息化与自动化高度融合，信息流和物流高效运作的复杂生产系统。

由于智能制造导入需要巨大的人力、物力、智力与财力。为了降低实施与应用的失败风险，企业在智能生产导入时需要结合自身需求与基础，以先进的精益生产管理理念为主轴，变革生产管理思想，优化生产业务流程，健全生产管理体系，数据量化分析与决策，做好系统性的前瞻顶层设计与业务基础规范。在管理模式优化基础上，采用自动化和信息化技术，实现对现有生产模式的创新和生产系统的优化。

智能制造是中国制造由大到强的一种路径选择。在中国制造业现有工业化基础整体不强、管理短板明显的大背景下，"智能制造，精益先行"的理念对智能制造的导入尤为重要。精益生产体系作为智能制造实施的重要基础和前提，其生产理念与方法体系对智能制造不可或缺。

本丛书首先从技术、理念、管理、组织等方面对精益生产与智能制造进行了分析，从智能生产的生产和物流两大核心业务对精益智能生产模式进行了系统性思考与整体性规划，全面介绍相关使能技术。

汽车行业是一个产品多样化、技术密集型、设备自动化、生产柔性化和复杂供应链的生产系统。大批量生产、丰田生产方式、柔性生产系统等先进生产模式均最早应用于汽车行业，精益生产与智能制造在汽车行业应用范围更广、程度更深，因此，汽车行业可以视为制造业未来发展的风向标。本丛书以汽车行业的典型生产过程与物流模式为对象，系统介绍了汽车行业生产执行系统与精益物流系统的相关理论、框架以及实践案例，从系统层面对其业务流程、功能架构与实务案例进行详细阐述。

本丛书融合智能制造技术与精益生产管理理念，为智能制造与精益生产的落地开花提供了一种可行的导入模式。不同企业的目标、愿景和基础存在差异，因此智能制造的实现路径是多样的。作为一名精益生产与智能制造的研究者和实践者，一方面希望百花齐放，但同时也更希望找到一条适合中国制造业的普适性路径。智能制造的中国之路任重而道远，希望借助本丛书，广大读者一起努力思考与实践。

浙江工业大学工业工程与物流系教授

前言 Preface

当前,面向用户个性化需求的柔性生产与快速响应成为制造业的发展趋势,同时也成为传统制造企业生产体系与供应链的一个重大挑战,制造企业需要思考与建立与之相适应的生产模式与实现方式。

精益生产(Lean Production,LP)源自日本的丰田生产方式(Toyota Production System,TPS),作为丰田制胜的法宝,精益生产在全球被广泛运用。精益生产的原则和实践可以概括为快速应变与制造,按需求拉动生产,供应链精益,达成质量、成本、速度三者均衡。随着工业自动化、生产信息化、物联网、人工智能等新兴技术的发展与应用,智能制造已经成为制造业转型升级的重要战略。智能制造通过流程与设备互连,建立数字化车间平台,连接人、机、料。精益生产注重流程优化与效率提升,而智能生产着重于互联、敏捷与柔性。二者本质是相互融合的。在工业化与信息化的融合过程中,只有精益生产的人才、数据、流程的体系建立后,智能制造的导入才能顺利。

精益智能生产涉及自动化与信息化建设、品质保证与过程控制、物流与供应链管理等众多内容。当前随着智能制造的兴起,部分企业在导入智能制造时,在整体规划、基础搭建、实施方法等环节存在一定的认知与实现误区。因此,编写一套系统性介绍基于精益思想的智能生产系统规划书籍显得十分重要。

汽车行业作为模块化设计、并行工程、大批量定制、精益生产、柔性生产系统等先进生产模式的先行者,其在精益智能生产的应用实践上具有一定的代表性和趋势性。本丛书分为两册，分别为《汽车智能生产执行系统实务》《汽车精益智能物流系统实务》，主要是以汽车整车厂为对象，以精益生产的平准化与一个流等为核心内容，系统介绍了汽车行业精益智能生产执行系统（Manufacturing Executive System，MES）及其物流的实务规划技法与实践案例。对多车型柔性混线平准化生产、整车厂 MES 系统、丰田平准化物流的开展和应用予以详细说明。

本丛书作者之一在日产公司及丰田合资公司任职 27 年，对日产 NPS 和丰田 TPS 进行了长期研究与创新实践。在丰田合资公司整合导入大/中/小货车与大客车底盘多车型混线一个流生产及其物流系统，提出中小物一个流台套式（Set Parts Supply，SPS）供应方式和大物小批量排序同步供应方式。2003 年负责在丰田海外整车厂第一个建立基于 SPS 零件供应的小型商用车与乘用车混线生产模式，成为丰田海外整车厂的 SPS 创新示范基地。此外，还曾负责杭州东风裕隆（原纳智捷）、杭州长安福特、杭州友高叉车等企业的生产物流与供应链整体规划，将精益生产与智能制造的整合理念应用于上述企业。

本丛书由汽车行业精益生产专家江支柱先生与浙江理工大学工业工程系董宝力博士合作编写。同时，浙江理工大学研究生陈正丰、刘彩霞、吕再生、陈广胜等同学做了大量资料收集、整理与初稿编写工作。在本丛书的编写过程中，得到了相关汽车公司的大力支持，采用了丰田等汽车企业导入精益生产与智能制造的应用案例，在此一并表示感谢！

本丛书主要围绕精益生产与智能制造的系统规划与实践应用，适合于汽车行业、机械制造装配业等离散制造业从事生产、物流与资讯等管理人员、大中专院校相关专业的师生。由于水平有限，在编写过程中难免存在不足之处，衷心期待各位读者、汽车同业批评指正，以便再版时予以修正。

作者

丛书序一
丛书序二
前言

**第 1 章
汽车精益智能物流** // 001

1.1 精益智能物流 // 002

    1.1.1 精益智能生产物流模型 // 002

    1.1.2 精益智能物流的组成 // 005

    1.1.3 精益智能物流技术与设备 // 011

1.2 汽车物流概念和分类 // 014

1.3 汽车零部件物流模式 // 015

    1.3.1 汽车零部件物流的组成 // 015

    1.3.2 汽车零部件物流的主要运作模式 // 017

1.4 汽车零部件物流发展趋势 // 020

    1.4.1 汽车零部件物流标准化 // 020

    1.4.2 汽车零部件一体化物流 // 024

    1.4.3 汽车零部件物流智能化 // 026

1.5 汽车零部件精益智能物流模式 // 027

    1.5.1 汽车零部件精益智能物流的主要内容 // 027

    1.5.2 丰田汽车的零部件入厂物流方式 // 030

1.5.3　汽车零部件物流的拉动方式 // 033

　　1.5.4　丰田与欧美汽车零部件物流模式的比较 // 038

第 2 章
汽车零部件厂外物流精益技术 // 045

2.1　汽车零部件厂外物流模式 // 046

2.2　汽车零部件厂外同步拉动模式 // 052

2.3　零部件厂外物流技术 // 054

　　2.3.1　物流交货的平准化模式 // 054

　　2.3.2　循环取货与供货模式 // 061

　　2.3.3　丰田待机场的物流管理 // 070

　　2.3.4　基于 MES 系统的 JIT 批次拉动 // 074

　　2.3.5　厂外顺引技术（JIS） // 076

　　2.3.6　供应商 E–看板拉动技术 // 083

第 3 章
汽车零部件厂内物流 // 087

3.1　整车厂总装上线物流模式 // 088

3.2　丰田式的零部件厂内物流模式 // 090

　　3.2.1　丰田厂内物流模式 // 090

　　3.2.2　丰田 P 链 // 094

3.3　厂内精益物流技术 // 105

　　3.3.1　供应商生产进度同步交货 // 105

　　3.3.2　厂内看板拉动 // 107

　　3.3.3　中小物 SPS 物流 // 111

　　3.3.4　大件厂内顺建（厂内排序）物流 // 114

3.4　丰田厂内物流直供化供应方式的导入 // 117

第4章 SPS物流规划与应用实例 // 121

4.1 SPS导入缘起 // 122
    4.1.1 丰田海外工厂第一个台套化供应导入 // 122
    4.1.2 多车型混线生产物流系统 // 123
    4.1.3 KD件大物/中小物SPS开箱物流模式 // 125
    4.1.4 小型商用车生产线SPS的导入 // 126
    4.1.5 SPS对象零件与BOM设定 // 129
    4.1.6 SPS-BOM的车型代码转换 // 131
    4.1.7 SPS供应区序列看板指示 // 135

4.2 SPS对生产与物流的改变 // 136

4.3 总装车间的SPS规划 // 140
    4.3.1 总装车间的SPS布局设计 // 140
    4.3.2 SPS区设置模式 // 144
    4.3.3 SPS区的料架布局设计 // 145
    4.3.4 总装车间SPS应用案例 // 148

4.4 总装SPS物流运作流程 // 154
    4.4.1 SPS物流的作业流程 // 154
    4.4.2 SPS区零件拣配方式 // 156
    4.4.3 SPS物流规划的步骤 // 159

第5章 发动机智能生产与同步物流系统规划 // 163

5.1 发动机的制造工艺 // 164

5.2 发动机车间的MES // 165

5.3 总装MES对发动机车间装配线同步生产指示 // 169
    5.3.1 发动机同步生产计划 // 171
    5.3.2 发动机车间对总装的成品同步交货指示 // 173

5.4 发动机组装的SPS应用案例 // 174

第6章
汽车座椅智能生产与同步物流系统规划 // 179

6.1 汽车座椅的生产工艺 // 180

6.2 汽车座椅的MES // 183

6.3 汽车座椅生产厂的精益物流 // 190

    6.3.1 座椅厂JIT同步拉动生产模式 // 190

    6.3.2 汽车座椅装配线SPS料盒式配送模式 // 192

    6.3.3 汽车座椅顺引物流模式 // 194

第7章
第三方物流的精益智能物流系统规划 // 199

7.1 第三方物流 // 200

    7.1.1 什么是第三方物流 // 200

    7.1.2 第三方物流仓储业务 // 202

    7.1.3 第三方物流的信息系统架构与功能 // 205

7.2 第三方物流精益智能生产系统规划案例 // 209

    7.2.1 业务需求分析 // 209

    7.2.2 中储同步拉动流程设计 // 211

    7.2.3 中储智能仓储与物流系统规划 // 218

    7.2.4 中储智能物流管理系统 // 225

7.3 中储轮胎智能排序配送系统规划案例 // 229

    7.3.1 轮胎排序配送需求分析 // 229

    7.3.2 轮胎排序配送物流模式分析 // 230

    7.3.3 轮胎智能柔性排序配送系统规划 // 232

参考文献 // 248

第1章　汽车精益智能物流

1.1 精益智能物流

1.1.1 精益智能生产物流模型

1. 精益物流

以汽车产业为例,随着市场的成熟以及竞争的激烈,汽车制造企业面临的一个主要挑战是如何降低生产成本。降低采购成本是汽车制造企业首先考虑的手段。这种方式属于从供应链下游向上游的成本转移,供应链的总成本本质上并未明显下降。同时,采购成本受到众多不确定性因素的影响,刚性会越来越强。因此,在众多的降本增效途径中,降低物流成本日益受到企业的青睐。

从物流成本在汽车总成本中所占的比例来讲,国内外汽车制造企业之间存在巨大差别。有数据显示,欧美汽车制造企业的物流成本占销售额的比例是8%左右,日本汽车制造企业甚至可以达到5%,而我国汽车制造企业普遍在15%以上。物流成本的巨大差异,反映了国内汽车制造企业在物流管理方面的粗放经营,同时也说明物流是汽车制造企业真正的第三利润源。

精益物流是以精益生产思想为指导,通过实现物流活动的精益全方位运作,提高生产效率,降低生产成本。精益生产的核心是追求零库存,并围绕此目标发展了一系列具体的管理技术，逐渐形成一套独具特色的生产经营管理及物流体系。其核心思想包括：

①强调物流的平准化和同步化，追求零库存，要求上一道工序加工完的零件可以立即进入下一道工序。

②使用看板进行物料供给的指示，由看板传递下工序向上工序的零件需求信息。看板的形式多样，关键在于能够传递信息。

③生产节拍保证生产中的物流平准。即对每一道工序来说，保证对后一道工序零件供应的准时化。

④由于采用拉动式生产，生产过程中的计划调度实质上是由各个生产单元间进行制订与协调，在形式上不采用集中计划。

2. 智能物流

智能物流是利用条形码、射频识别技术、传感器、全球定位系统等先进的物联网技术，通过信息处理和网络通信技术平台，将货物运输、仓储、配送、包装、装卸等传统物流活动与智能化系统运作管理相结合，实现一种自动化、信息化、智能化、透明化的物流运作模式。智能物流强调物流过程的数据智慧化、网络协同化和决策智慧化。智能物流在功能上需要实现货物、数量、地点、质量、时间、价格上的六个正确，在技术上要实现物品识别、地点跟踪、物品溯源、物品监控、实时响应等。

智能物流的主要功能包括：

（1）实时感知功能

物流系统是一个实时更新的系统。运用各种先进技术获取运输、仓储、包装、装卸搬运、流通加工、配送、信息服务等物流环节的各种物流信息，使各方能准确掌握和感知货物、车辆和仓库等信息。

（2）数据共享功能

将物流过程中采集得到的信息通过网络传输到数据中心，利用数据库技术和数据关联分析技术进行数据归档，实现数据的标准化与结构化。在此基础上，智能物流可以实现物流各个环节的相互联系与数据共享。

（3）分析决策功能

针对具体物流问题和物流数据，建立数据分析模型，模型的迭代分析具有自我完善能力。通过对物流作业活动中的要素能力、资源配置、瓶颈环节进行优化分析，提出最合理有效的解决方案。同时，可以对物流活动中的潜在风险与问题进行预测分析，使决策更加准确、科学。

3．精益智能物流

精益智能物流模式强调以智能化、精益化管理为核心，结合各类信息系统和物流新技术，围绕制造企业的投入、转换、产出等主要物流环节，构建跨时空、跨地域、信息集成、物物相连的智能物流系统，实现全产业链、产品全生命周期的存储、配送、回收的物流一体化运作。精益智能物流模式如图1-1所示。

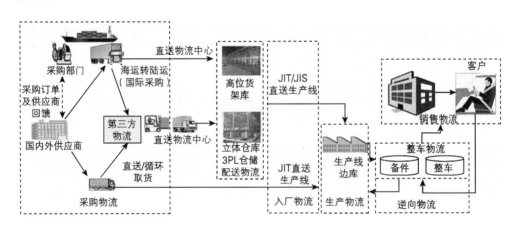

图1-1　精益智能物流模式

其中，投入是指零部件的采购供应物流；转换是指企业内部生产材料、零部件、在制品、成品等的物流配送；产出是指整车物流和售后服务物流，以及产品召回、废弃物回收等逆向物流。因此，该模式集成采购供应物流、生产物流、成品及备件销售物流、逆向回收物流等，其特点如下：

(1) 对象范围

物流合作参与方包括制造企业、零部件供应商、物流装备企业、第三方物流、智能技术服务商提供方等多种角色。

(2) 新技术应用

在制造企业供应链导入无线传感网络及射频技术、智能物流设备及系统、大数据及云计算等智能感知、监控与决策分析技术，实现信息融合和深度挖掘分析。

(3) 管理模式创新

实现制造企业供应链零部件、产品及服务的存储、配送、回收的物流一体化运作，并覆盖生产制造、使用和运维全过程，有效提升产品交付水平和持续优化运营成本。

1.1.2 精益智能物流的组成

工业4.0的核心内容是智能制造，而实现智能制造要从产品的全生命周期考虑。以生产制造的全方位自动化为基础，实现产品的设计、仿真、生产、物流、仓储、销售、管理的全过程数字化，集成融合企业资源计划（Enterprise Resource Planning，ERP）、物资需求计划(Material Requirement Planning，MRP)、生产执行系统（Manufacturing Execution System，MES)、仓库管理系统（Warehouse Management System，WMS）、客户关系管理（Customer Relationship Management，CRM）、物流管理系统、知识管理系统等系统，协同射频识别（Radio Frequency Identification，RFID）技术、数据挖掘技术、可编程逻辑控制器（Programmable Logic Controller，PLC）技术、图像识别技术、传感器技术、云制造等先进技术，实现产品集成、制造过程集成、制造体系集成。

智能生产物流系统是保证智能制造运作畅通的核心部分。根据智能制造的特点，智能生产物流系统模型如图 1-2 所示。系统整体结构由采集数据的智能对象层，数据传输与处理的网关层和服务层，以及执行控制的应用层组成。利用以太网结构和通信接口，将读写器、RFID 中间件、数据库服务器、企业管理系统以及其他模块和终端连接起来。

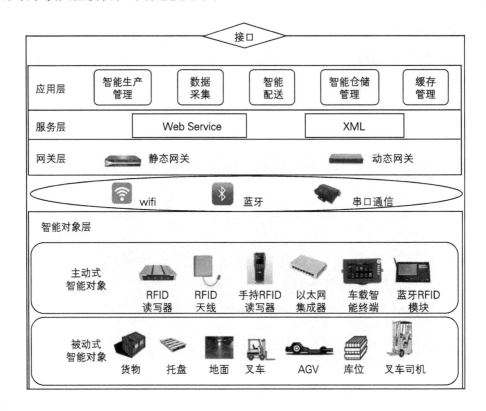

图 1-2 智能生产物流系统模型

根据智能生产物流系统的模型，采用一个基于物联网的智能管理系统平台来对生产物流系统进行管理控制。智能生产物流管理系统主要包括智能生产管理、缓存管理、智能配送、仓储管理和数据采集五个子系统，如图 1-3 所示。系统向上与企业 ERP 系统相集成，获取产品、工艺、生产订单等基础信息；向下与不同设备、工具、区域相连，通过无线射频等技术，对物流活动信息进行数据采集，有效管控生产与物流。

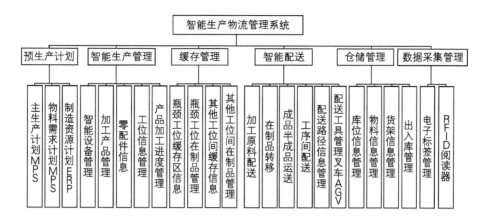

图1-3 智能生产物流管理系统业务架构

1. 采购供应物流

对于用户定制生产，用户需求信息直接传递至工厂，进行个性化产品设计。设计过程中可与用户沟通，确定最终定制方案。定制方案确认后即可生成物料清单，主要包括生产工艺相关信息、成品需求数量、日期及收货人详细信息；半成品与原材料的需求数量、时间和工序相关信息等。物料清单与相关供应商和需求客户进行共享，供应商根据需求时间组织备料生产和物料供应。物料嵌入智能标签。根据标签中的需求信息进行物料备货和供货，国内外供应商通过第三方物流或自行完成物流运输，确保产品生产所需原辅材料、外购件、外协件等物资及时、准确送达企业。

企业物流中心是衔接采购供应物流与生产物流的重要核心节点。以汽车行业为例，物流中心负责所有生产所需零部件供应管理，来自供应商的中小零部件按照到货计划准时送达物流中心，大型零部件通常根据生产计划进度顺序直送生产线边。

2. 仓储配送

在智能生产物流系统中，智能配送是连接线上生产与线下物流的重要纽带，是保证生产系统高效运作的核心。智能配送要求以配送时间、配送距离、运输成本、用户满意度等方面作为最优目标,分派配送任务,制订出零部件配送清单、装货顺序、送货顺序、任务完成时间表,并通过智能配送系统进行运作管理。以汽车行业为例,智能精益物流通过采集车身RFID标签信息,由整车厂MES系统指示零部件供应商进行同步配送。目前,仓储配送的主要先进模式包括:

(1)供应商管理库存(Vendor Managed Inventory,VMI)

VMI系统是为制造商或供货商提供用户物资服务策略的信息系统。根据电子数据交换(Electronic Data Interchange,EDI)系统通过互联网提供的信息,部分物资通过与供应商共享库存信息,在有效保证生产供应的同时,以较为准确的信息指导供应商生产,及时补充库存,减少需求波动对供应商生产的影响,有效控制供应链的整体零部件库存,把销售点的存货维持在适当水平,达到降低物流与库存成本,提高用户服务质量的目的。

(2)循环取货(Milk Run)

对位于制造企业周边的供应商,通过第三方物流去各供应商处取货,集中送至制造企业,确保生产所需零部件,逐步替代供应商自行配送,降低采购和供应物流成本。

(3)准时化配送

结合精益管理思想,将正确的零部件物资,以正确的数量、正确的时间送到正确的地点,消除物流过程浪费、提高物流配送效率。

此外,自动化立体仓库、RFID等先进技术、设备和系统应同步导入其中,保证零部件物资库存信息齐全、可追溯。例如,自动化立体仓库包括智能物流成套设备、WMS、系统集成等核心内容,可实现零部件物资在物流中心的自动入库、出库、货位分配、分拣提示等,目前在生产服务型企业得到广泛应用。通过WMS与ERP系统有效集成,确保库存信息准确、有效。

3. 生产物流

在智能生产中,人员、机器和资源相互之间进行即时通信,智能物料能够感应制造和物流的对象、任务、环境等信息，主动辅助制造和物流过程。

此外，制造企业在工厂规划设计中，需要采用精益智能物流的原则规划生产物流布局，从源头上消除物流环节的各种浪费。生产物流包括从物流中心发出的零部件上线物流和内部生产工序间的转运物流。拉动式生产物流的关键在于信息传递环节，而 MES 是此环节的关键。工序、车间和工厂等各级生产计划指令信息通过 MES 实时传递至 WMS 和 ERP 系统，指示零部件供应商和在制品工序进行准时制生产（Just In Time，JIT）和准时制顺序供应（Just In Sequence，JIS）。同时，在生产完成后及时报工，实现生产过程信息、物资信息、质量信息与产成品的绑定，用于后续的成品库管理和追踪追溯管理。

通过智能自动化立体仓库、自动导引运输车（Automated Guided Vehicle，AGV）、WMS 与 MES 联动，可以实现零部件的智能拣选与厂内准时制配送。例如，采用"货到人"技术进行零部件拣选，即采用货动人不动的方式对零部件进行拣选作业，其拣选效率、正确率均高于传统拆零拣选作业方式。又如，采用 AGV 自动完成生产线的零部件供应和工序间的在制品转运，提高生产效率。

4. 销售物流

制造企业必须按照客户要求的时间，提供准时、准确、高质量的产品交付服务。销售物流主要包括成品物流、零担/专车物流、备配件物流 3 种类型。销售物流的波动性大，销售发运地点遍布各地，制造企业自建成品物流和零担/专车物流的物流成本高，且物流效率低。成品物流和零担/专车物流目前逐步转向由专业的第三方物流公司完成。备配件物流由于任务零散、临时、交期极短，一般委托快递公司或第三方物流公司完成。此外，随着用户市场和企业生产规模的扩大，基于物流集约化原则，制造企业或第三方物流企业一般会选择区域建立物流集配中心，对产品进行集货配送，以此进一步提高物流效率，降低物流成本。

制造企业一般采用运输管理系统（Transportation Management System，

TMS），通过与 CRM 系统、ERP 系统、全球定位系统(Global Positioning System，GPS) 相连，进行运输订单安排、车辆调度、运输过程跟踪、物流绩效管理、成本统计与分析等工作。

当产品在智能工厂完成生产后，TMS 可自动生成运输指令。根据产品智能标签内所包含的产品订单信息自动生成运输订单，经由互联网发送至 TMS 的订单处理中心，订单处理中心获取运输订单信息。根据运输订单所包含产品的特性、目的地、重量、体积及到货时间等进行智能配货，结合车辆信息完成车辆装载方案并对车辆下达运输指令。车辆收到运输指令后，在指定时间到达指定出货地点，根据系统设定的车辆装载方案进行装车，并根据系统规划的物流路线进行运输。

在车辆运输过程中，TMS 可实时获取车辆状态（如冷藏车的温度）、道路状态（如是否拥堵）等信息，并通过 TMS 进行物流路线的系统优化调整。同时，TMS 实现物流承包商、企业生产计划部门和销售部门的车辆物流信息共享，以便最大程度提高物流效率，保证按时交付。

综上所述，在精益智能物流中，需要实现 ERP、MES、WMS、SRM[一]、CRM 与 TMS 等多种信息系统的深度应用集成，实现物流环节的智能物流标签、智能感知物流设备、智能监控物流过程和智能精益物流规划与调度。

智能精益物流规划与调度包括但不限于以下三个方面：

①在采购与生产供应物流端，将需要数量的零部件在需要的时间，送至需要的地点。根据不同产品的生产需求，实现零部件的动态智能组合与配送。

②在销售与逆向物流端，动态进行配送调度、排程和路径导航，实现产成品、备件与服务的合理组合、集中配送，准时、经济地交付至客户。

③在全产业链端，综合考虑供应商、各生产园区、经销商、客户各处仓库的零部件及备件的库存信息。通过集中调度，实现库存共享、调拨、协同和快速补货，降低供应链库存成本和运输成本。

[一] SRM 指 Supplier Relationship Management，供应商关系管理。

1.1.3 精益智能物流技术与设备

自动化、信息化物流技术装备的应用优势逐渐显现，制造业和生产服务业对自动化、信息化物流技术装备需求十分迫切，是物流一体化发展的新动力。

1. 工业机器人

工业机器人作为智能物流的核心装备，能够体现智能制造高端、智能的特点。搬运机器人目前广泛应用于生产线的物流自动搬运，如 AGV、无人叉车等。搬运机器人主要由智能视觉/检测识别系统、机器人智能协同系统、基于工业总线技术的 PLC 系统、智能切换定位装置和闭环伺服位置传感装置等组成，在生产过程中实现无人化搬运。搬运机器人的发展方向是 AGV，其特点如下：

(1) 无人化

AGV 采用自动导向系统，保证在不需要人工引航的情况下就能够沿预定的路线自动行驶，将货物或物料自动从起始点运送到目的地。

(2) 自动化

AGV 自动化程度高，一般配备自动装卸机构，可以与其他物流设备自动串接，实现物料装卸和搬运全过程的自动化，高效、准确地完成生产线上的物料搬运任务。

(3) 柔性化

AGV 的物流路径可以根据仓储库位、生产工艺流程的变化进行灵活调整，还可以由多台 AGV 组成柔性的物流搬运系统，从而有助于实现混线生产。与传统的输送带和刚性的传送线相比，运行路径改变的费用非常低廉，可以提高生产的柔性和企业的竞争力。

(4) 绿色化

AGV 具有清洁生产的特点。AGV 由自身的电池提供动力，运行过程中无噪声、无污染，可应用在对工作环境要求清洁的生产车间。

（5）一体化

AGV采用功能集成的理念，能够形成一体化的智能生产平台，满足制造、物流、检测和生产信息传递等生产业务功能，促进柔性生产方式的未来变革。

随着AGV技术的不断发展和企业生产自动化的开展，AGV在整车厂生产和零部件物流中得到广泛应用。整车厂生产车间的面积较大，物料从车间仓库到线边需要远距离搬运。采用AGV代替叉车和拖车搬运物料，具有批量替代的规模成本优势。对于汽车零部件物流，AGV与无人化叉车主要应用于厂内零部件物流搬运，如整车厂的发动机、后桥、变速器、底盘等部件的自动化柔性装配，以及零部件的上线喂料等。

此外，先进的整车厂已经开始采用AGV，实现模块化、可变式的柔性生产线。根据产品规格和产量的变动，这种AGV生产线可以灵活调整生产线工站组成、工位数量和生产线长度，实现多品种、变批量生产的快速切换。目前，这种新的AGV柔性生产线已在焊装的最终装配检修线、总装仪表分装线、总装发动机变速器结合线得到初步应用。

2. 自动化立体仓库

自动化立体仓库又被称为立库、高层货架仓库、自动仓储系统。自动化立体仓库是一个复杂的综合自动化系统，主要采用高层立体货架（托盘系统）存储物资，运用计算机管理与控制，自动导引运输车和自动堆垛机进行存取作业的仓库。其业务功能主要包括物资的接收、分类、存储、分拣、包装、配送和信息管理等。自动化立体仓库能够最大限度利用空间，减轻工人劳动强度，提高仓库存储效率，提升仓库管理水平，更好满足生产需求。

近年来，自动化立体仓库在汽车零部件仓库得到逐步应用，目前主要应用于部分零部件的仓储与排序环节。通过采用输送、分拣等自动化设备，减少人力，降低仓储面积。相比平库，自动化立体仓库更具效率和成本优势。

3. 智能车间物流信息技术

以条码、RFID为代表的普适计算环境下的智能实时物流技术，将极大提高生产物流的效率和可靠性。例如，无线拣选系统可以提高小批量配送的效率和准确性；实时追溯系统可以精确追溯人和物，为零库存提供可能。对于柔性制造单元与柔性制造系统，物流柔性系统主要完成物料自动存储、自动上下料（含机械手、机器人）和生产设备工位间工件传输。这种物流系统需要通过数据采集、智能分析和控制，实现物料存储与传送过程中的智能计划调度和设备控制集成。

4．地理信息系统

地理信息系统（Geographic Information Systems，GIS）是智能物流的关键技术与工具之一。GIS可以实现基于地图的物流活动服务。通过GIS可以将订单信息、物流节点信息、送货信息、车辆信息、客户信息等数据进行统筹管理，实现快速智能分单、物流节点合理布局、送货路线合理规划、物流实时监控与管理。

①通过物流节点标注，将物流节点信息（如地址、电话、提送货等信息）标注在地图上，便于快速、实时查询物流进度。

②通过片区划分，从地理空间的角度进行大数据管理，为物流业务系统提供业务区划管理基础服务，并与物流节点进行关联。

③采用GIS地址匹配技术，搜索定位区划单元。根据物流区划单元的属性，将物流任务快速分派到区域和物流节点，实现快速分单。

④车辆监控管理系统从货物出库到到达客户手中进行全程物流监控，保证产品与物流安全。通过车辆合理调度，提高车辆利用率和物流效率。

⑤实现物流配送智能规划。对运输货物、物流车辆、物流路线进行合理规划，保证货物准时到达，并降低物流成本。

⑥通过数据统计与分析，将物流相关的数据信息可视化。通过科学的业务模型、GIS专业算法和空间挖掘分析，了解物流趋势和内在关系，从而为企业的各种商业行为，如制订市场营销策略、规划物流路线、合理选址分析、分析预测发展趋势等构建良好的基础，使企业管理决策系统更加智能和精准。

1.2 汽车物流概念和分类

汽车物流是指汽车供应链上的原材料、零部件、售后配件和整车在各个环节之间的实体流动过程，是汽车从零部件采购、生产制造到销售以及售后各环节的整体物流。汽车物流对整个汽车产业非常重要，是汽车整车企业及其原材料供应商、零部件供应商、第三方物流公司和销售公司的桥梁和纽带。汽车物流强调供应链的整合与强化，重视对整个价值链环节的控制和管理，以实现产品的及时交付。供应链整合涉及采购、物流仓储、零部件上线、整车配送等业务环节。通过有效的信息技术和系统进行供应链的各环节整合，实现计划、制造、运输等整个流程的优化和一体化汽车物流服务供应链，提高物流效率，降低物流成本。这是汽车行业物流与供应链的管理重点。

根据汽车生产销售的过程，汽车物流可分为入厂物流、生产物流、整车物流、备件物流与回收物流（也称逆向物流），如图1-4所示。

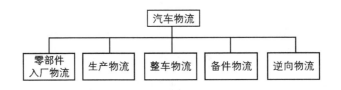

图1-4 汽车物流类型

（1）入厂物流

汽车入厂物流也称为采购物流或供应物流。汽车入厂物流主要包括了原材料、零部件等生产资源从汽车企业向供应商进行采购开始，经过装运、运输、卸货进入仓储，以及后续的库存管理和上线供料管理等过程中的实体流动。

（2）生产物流

汽车行业的生产物流也称为内物流。生产物流主要是在生产过程中，将零部件从其他生产车间和仓库搬运输送到装配生产线，部分零部件还涉及包装和流通加工的环节，如轮胎分装。

（3）整车物流

整车物流是整车厂的交货步骤，从整车物流配送中心开始，经过整备、运输到经销商交付为止。整车物流的管理主要包括整车厂车辆下线移交第三方物流后的配送管理、各中转库整车物流管理和第三方物流运输车辆跟踪管理等。

（4）备件物流

备件物流是指汽车使用过程中所需零部件（如保养、维修等）的物流供应过程。过程包括从备件出库开始经过包装、运输到经销商，进行存储和出库到最终用户。与生产物流不同，备件物流具有区域广、物流节点多、需求量小、备件品种多等特点。备件物流管理的核心是运输调度计划，即根据每天备件出货计划和备件发运路线安排运输车辆，并追踪备件的运送过程，使备件及时送达各经销商或中转库。

（5）逆向物流

在客户至上和绿色经济的时代背景下，汽车行业的逆向物流也很重要。按照回收目的分为退回/召回物流、废弃物流与回收物流。

1.3 汽车零部件物流模式

1.3.1 汽车零部件物流的组成

广义的汽车零部件物流是指根据汽车制造企业、汽车分销商和最终消费者的零部件需求，将零部件以及相关信息从汽车供应链零部件供应商送到对应用户，进行零部件入厂供应物流、厂内物流和售后服务配件物流服务。汽车零部件物流是集运输、搬运、存储、分拣、排序、预装配、配送和包装在内，结合物流信息于一体的综合性物流管理。

狭义的汽车零部件物流是指供应商与整车厂之间的零部件供应活动或工厂与工厂之间的物流,包括厂外物流和厂内物流。其中,厂外物流又分为采购物流(外制品)和工厂之间物流(内制品);而厂内物流包括车间之间物流、生产线之间物流和受入物流,其具体组成如图1-5所示。

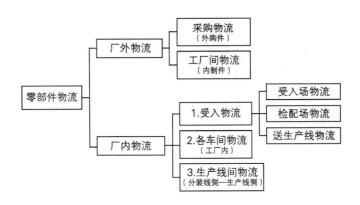

图1-5 汽车零部件物流组成

汽车零部件物流具有以下特点:

①汽车由上万个零件组装而成,汽车零部件物流量大。

②零部件的种类多、尺寸和其他物理属性差异大,包装不规则,物流成本高,物流管理难度大。

③汽车零部件供应链体系复杂。汽车零部件涉及行业面宽、供应商数量多、分布区域广。供应商的生产运作与供货水平存在差异,供应链与物流管理具有多样性与复杂性。

因此,汽车零部件物流被国际物流界公认为是最复杂、最具专业性的物流之一,更是一种具有高附加值的物流。随着汽车工业发展,如何应对整车厂生产需求,优化汽车零部件物流过程,提高物流的可靠性与效率,降低物流成本,成为汽车零部件物流发展必须面临的考验。

1. 厂外物流

在汽车物流中,零部件入厂物流是最重要也是最复杂的一个环节。随着汽车行业分工的不断细化,零部件供应物流的部分功能被委托给第三方物流企业进行管理，实行零部件供应链采购。供应链采购是一种供应链机制下的采购模式，即汽车零部件的采购不再由整车厂操作，而是由零部件供应商操作。在具体应用时，整车厂只需把零部件需求信息向供应商连续及时地传递。供应商根据整车厂的需求信息，预测未来的需求量，并根据预测得到的需求量制订生产计划和送货计划，小批量、多频次向整车厂补充零部件库存。供应链采购模式改变了汽车零部件设计、生产、储存、配送、销售、服务等方式，可以有效缩短企业内生产线的长度，提高生产效率。

厂外物流规划的重点是设定外部供应商的物流时间、各路线的物流时间。在标准包装规格下，零部件的标准收容数、标准数量，各物流车辆与零部件的自然组合对应的积载率。在此基础上，根据滚动生产计划中的生产数量，确定所需的零部件数量和时间，设定一定时间内各物流供应商所分配的区域以及最佳物流组合方式。

2．厂内物流

汽车生产线的生产工序复杂，采用高节拍的连续生产。零部件的需求种类多、数量大、零部件供应及时性要求高，这给汽车生产的厂内物流管理带来非常大的考验。同时，车间生产线边的空间有限，如果物流规划不合理，配送不及时，极易发生零部件的堆积和缺料，影响生产的正常进行。

为了保证持续不断地向生产线准时供货，厂内物流规划重点需要根据零部件的编码规则，确定零部件存放中转区域、厂内零部件调达方式、物流路线、物流频次、物流量等具体物流参数，实现 JIT 原则的生产物流管理。

1.3.2　汽车零部件物流的主要运作模式

1．第三方物流模式

随着全球汽车市场竞争日益激烈，国外各大汽车集团早在 20 世纪末就开始把精力投入到汽车设计研发、技术改造升级等核心业务，而把非核心业务的零部件采购、运输、仓储、配送、整车下线后全球分拨等一系列物流服务外包给专业化的物流公司进行物流网络的设计、实施和管理。因此，从世界汽车产业的发展来看，汽车零部件生产功能和物流配送功能都将从汽车整车厂中分离出来。其中，零部件物流业务将外包给第三方物流服务商。

汽车零部件第三方物流模式是一种先进的零部件供应模式。第三方物流服务商作为汽车零部件物流供应的主体，完成整车厂和零部件供应商的零部件物流供应。整车厂向第三方物流服务商提出采购需求（零部件类型、数量、供应商、摆放秩序、送货时间等），第三方物流服务商根据整车厂的供应指令进行备货，具体包括货源组织及对零部件进行排序、分拣、换装等，然后根据生产计划准时运至整车厂或生产线边。

从目前汽车物流的发展水平和发展趋势来看，汽车行业普遍采用 JIT 生产，汽车生产必须实现及时、准确的零部件物流供应。采用第三方物流是汽车零部件物流的必然选择，其优势在于：

(1) 提高汽车整车厂的核心竞争力

在汽车零部件供应环节中，零部件的品种和数量繁多，且大都是外部采购，供应商数量众多、分布范围广，不同零部件的供应时间和数量也不同，整车厂要求零部件根据生产要求准时配送，导致零部件供应物流在组织、实施和控制上的难度较大。通过将这部分业务剥离出去，整车厂可以把自身有限的资源和管理能力投入到核心业务上，以此提高核心竞争力。

(2) 实现供应链库存优化，降低库存成本

JIT 生产方式要求零部件准时化供应，第三方物流服务商可以通过信息系统协调整车厂与零部件供应商的需求，并通过专业化的运输车队、优化的运输路线和运输方式，保证零部件准时供应，有效控制整车厂和零部件商的库存水平，降低库存成本。此外，采用第三方物流模式，可以将分散的各供应商仓库整合在第三方物流的仓库。采用集中配送方式，减少汽车供应链上的库存环节，降低库存成本。

(3) 提高物流效率，降低物流成本

第三方物流服务商可以依托自身的物流网络、设备设施和物流信息系统，

整合汽车零部件运输资源，提高运输车辆的利用率，节省车辆在途时间，提高运输效率，降低运输成本。此外，在汽车混流生产条件下，第三方物流服务商可以采用专用工位器具运输，减少零部件包装及二次换包装时的器具配送，提高零部件的配送上线效率，降低配送成本。

2. 零部件供应商主导的物流模式

零部件供应商主导的零部件物流模式为非整合模式。零部件供应商通过在整车厂周边自建仓库、租用整车厂仓库或第三方仓库等方式，利用铁路、公路或水路等干线运输把产品先期储存在这些仓库。这些仓库根据整车厂的需求与指令，采用看板、同步等方式向整车厂的仓库和生产线边供货。整车厂与零部件供应商签订物流协议，供应商保证及时、准确供应零部件，并保证零部件的质量。整车厂不干涉零部件的具体物流过程，由供应商承担物流成本、质量保证和缺货风险。

在这种模式中，仓库是整个零部件物流供应体系中的关键节点。但由于零部件供应商基于整车厂物流成本核算的考虑，通常在仓储、分拣、排序、上线配送等环节缺乏系统性规划与优化。由于仓库分别属于不同的零部件供应商或由不同的零部件供应商租赁，仓库的条件、人员素质参差不齐，仓库管理水平低，影响对整车厂的零部件正常交付。对于分散的供应商仓库，整车厂无法及时掌握零部件资源准备状况。这些因素都加大了汽车零部件物流管理的难度，具体表现如下：

(1) 物流与供应链流程长，高库存

在汽车零部件、配件的采购上，由于零部件供应商的地理位置分散，部分关键零部件采用进口件，导致采购供货的周期较长，物流组织难度加大，物流运输可靠性不高。为了满足生产需求，避免缺料停线，整车厂和零部件供应商主要采用提高零部件安全库存的方式加以应对。

过高的零部件库存不仅降低了物流运输的柔性，增加了物流转运时间与成本。同时还占用了过多的仓库资源和仓储面积，增加了物流和库存成本。同时，零部件的积压还可能导致零部件的品质劣化，甚至报废。

（2）软硬件水平低，缺件与停线风险高

基于生产成本的考虑，零部件供应商主导的物流软硬件水平通常较低。缺少现代化仓储设备，零部件物流操作以人工操作为主，物流作业效率与质量低。汽车零部件物流缺乏相应的信息化管理手段，大量的物流作业仍以人工信息管理方式为主。整车厂无法与供应商进行有效的信息共享与业务交互，整车厂对零部件供需状况无法及时、准确掌握，发货的及时性与精确性无法保证。

（3）物流标准不统一

汽车物流的零部件品种规格多，尺寸不同且外形差异较大。为了实现搬运、运输、装卸的物流流程合理化和生产机械化、自动化，物流容器具的标准化和专业化十分必要。目前，物流容器具标准化一般仅限于整车厂内部，尚未大规模推广应用至汽车及其零部件行业。由于物料容器具以及物流流程缺少标准，汽车零部件物流需要分拣、包装等不增值的重复作业，产生大量浪费，影响生产效率和质量，增加供应商成本。

1.4 汽车零部件物流发展趋势

工厂智能物流系统主要是通过互联网、物联网以及服务联网，整合社会物流资源，充分发挥现有物流资源的效率，使需求方能快速获得服务匹配，得到物流支持。不管是大规模定制，还是丰田的 JIT 生产系统及精益化生产体系，都需要一个强大的物流支撑体系。精益物流系统是智能制造的重要基石。国外汽车生产整车厂逐渐意识到成本和差异性上的战略优势，已将零部件物流运作管理作为提升企业核心竞争力的重要手段。

1.4.1 汽车零部件物流标准化

物流标准化是将物流视为一个大系统，制订形成一种标准化体系。其主要内容包括物流系统的内部设施与设备（包括专用工具）技术标准，包装、仓储、装卸、运输等作业标准，以及物流管理标准等，具体如图1-6所示。物流标准化是物流合理化、物流系统化组织设计的基础。汽车行业的物流标准化对提高物流服务水平，提高物流效率和降低物流成本具有决定性作用。

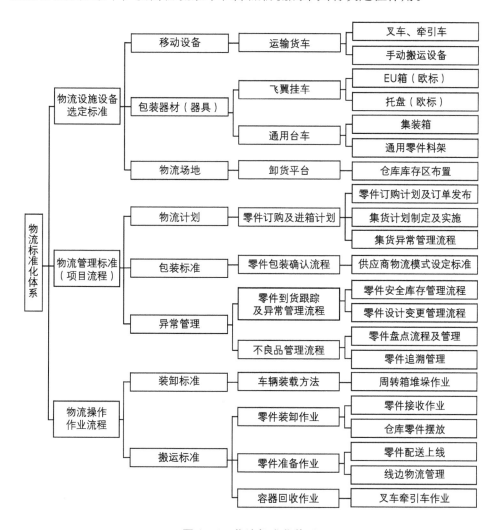

图1-6 物流标准化体系

物流标准化是汽车零部件物流自动化、一体化发展的关键。对于汽车零部件物流来说，最基本的标准化就是包装与容器具标准化。通过制订零部件包装与容器具的标准要求，供应商可以对不同的整车厂使用同样的包装和运输，从而能够快速、准确地计算出每条线路物流量的大小，最大限度地提高运输车辆的装载效率，保障零部件的运输安全和质量。针对汽车零部件物流中可周转使用的物流器具（如托盘、料箱等），2016年我国出台《汽车零部件物流器具分类及编码》，对汽车零部件物流中物流器具的分类和编码进行了规定。

1. 包装标准化

包装标准化是指企业在设计和制作包装箱、托盘、集装箱、器具等包装时必须遵循一定的标准，其主要作用包括：

①提高包装、容器具、运输车辆、仓库的有效空间利用率，提高物流管理水平。

②保障在物流作业过程中的零部件品质。

③满足物流先进先出、定置管理的物流原则。

④便于物流信息识别及传递功能，满足JIT物流组织和看板管理要求。

⑤实现厂内物流和整个供应链物流各环节的兼容、统一、高效，满足企业对物流组织规范化、高效率、低成本要求。

包装标准化的内容主要针对物流工位器具的结构、尺寸、功能的规范化，包装标准收容数（Standard Number of Package，SNP）种类集约化和器具通用化。

(1) 标准化周转箱

在丰田物流体系中，普遍采用标准化周转箱作为零部件的承载工具。标准化周转箱尺寸是以包装模数尺寸为基础。包装模数是指为实现包装货物流通合理化而制订的包装尺寸系列。用这个系列规格尺寸确定的容器长度乘宽度的组合尺寸称之为包装模数尺寸。包装模数尺寸的基础数值，即包装模数则是根据托盘的尺寸，以托盘高效率承载包装物为前提确定的。按照包装模数尺寸设计的周转箱可以按照一定堆码方式合理、高效码放在托盘上。因此，标准周转箱尺寸只有与包装模数一致，才能保证物流各个环节有效衔接。

目前，通用的标准化周转箱主要包括TP和EU两大种类。推广应用标准化周转箱具有如下作用：

①以EU标准为例，对集货单元的长和宽进行了规定，如EU托盘的尺寸规格为长1.2m、宽0.8m。为了满足不同体积零件的装载需求，又设定了不同大小的标准周转箱（EU箱）。不同规格尺寸的周转箱可以通过排列组合码放在托盘上，最终捆包成最大$1m^3$（$1.2m \times 0.8m \times 1m = 0.96m^3$）的货垛。每个货垛的长和宽相同，最大化提高物流车辆的运输能力。

②相同规格的货垛可以稳固码放，降低货垛倒塌造成的危险，提高安全性。

③TP和EU箱采用硬质塑料制造，确保运输及搬运途中不会因包装导致的零部件品质受损。

(2) SNP数量

SNP数量的标准化常被整车厂忽略，导致出现各种各样的SNP。在整车厂厂内进行物流拉动配送时就会产生各种不同的零件送料时间点，造成拉动次数的大幅增加和人力浪费。因此，在先进的整车厂一般会要求依据2/4/5的倍数设定SNP的标准数量。采用SNP标准数量的设定，零件会以10/20的倍数产生零件消耗和拉动点，如10/20/40/60/80/100/120等。少数体积较大或外形较特殊的零件会采用3/6/9/11等特殊包装需求的SNP。

2. 物流作业标准化

物流作业标准化是指在物流作业过程中，物流设备运行标准、作业程序、作业要求、物料存储等标准。物流作业标准化是实现作业规范化、效率化和保证作业质量的基础。

物流作业标准化的步骤包括：

①整理过去的经验和成果，对已有作业流程（流程、工具、方法等）进行标准化。被标准化的方法制订形成作业标准指示书（作业要领书、作业指导书）。

②按照所确定的流程、工具和方法进行作业，并检验是否需要一直遵守这

种方法。

③针对作业方法中的不适当的内容,进行定期完善和修订。

传统作业标准指导书主要采用文字和图片编写。由于信息技术的进步,作业标准的视频拍摄和编辑更为容易。视频化的标准作业程序(Standard Operating Procedure,SOP)可以向现场操作人员提供更为生动直观的作业指导。

1.4.2 汽车零部件一体化物流

汽车零部件物流一体化是指汽车制造企业面向供应链,将其零部件物流活动中的各个主体(如供应商、物流服务商、运输公司、包装公司、器具厂商等)和各个业务环节(包括供应物流、生产物流、逆向物流、信息系统等)无缝衔接起来,形成一个整体与整车厂的生产节拍高度契合的物流模式,具体如图1-7所示。汽车零部件物流一体化是汽车物流精益智能化的发展方向之一。

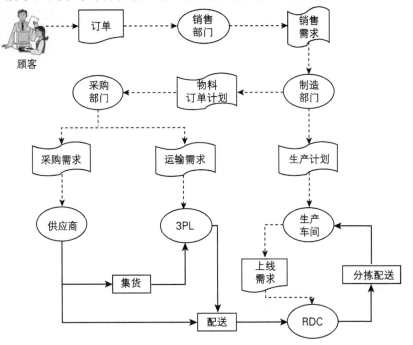

图1-7 汽车零部件物流一体化模式

汽车零部件物流一体化的主要内容包括：

①建立区域集中的汽车工业园区。以整车厂为中心，将零部件制造企业、物流企业集中在同一个汽车工业园区，重要零部件采用JIS或JIT方式供货，实现零部件的同步拉式生产与物流，保证零部件入厂物流的精准和及时，降低整车厂的缺件停线风险和整个供应链的物流仓储成本。

②由零部件仓库和物流中心提供零部件分拣、排序、预装配、物流容器具周转等增值服务，减少整车厂的物流管理工作。

③通过整车厂MES系统、ERP系统、SCM系统和供应商WMS系统的系统集成，实现零部件物流信息的实时交互。

④采取各种先进物流技术，实现零部件物流中心的零部件同步配送能力。例如，可通过自动输送线的桥式或悬挂式通道与整车厂相连，实现自动配送排序件至总装线；采用SPS台车进行零部件的台套式同步物流配送；利用AGV实现对总装线各工位的零件配送。

⑤通过第三方物流服务商进行区域化的零部件混载，集中配送至整车厂，降低远程物流成本。

在汽车零部件物流一体化模式中，整车厂所需零部件的供应、运输、配送和仓储服务完全由专业的第三方物流企业来进行。此外，需要将零部件供应链各个环节上的整车厂、零部件供应商与物流公司三方的信息系统统一标准，进行系统集成，使三方之间能够进行可靠、快速的信息交换，从而使信息在整车厂、零部件供应商和物流供应商间实时共享，有利于供应链管理中问题解决和紧急响应。

零部件物流一体化模式的特点如下：

①通过先进的信息系统集成管理，在整车厂、零部件供应商和物流公司之间实现信息实时共享和整体协调，提高协作效率。

②通过先进的信息管理系统，零部件供应商可有效地对零部件运输过程进行目视化管理和监控，对意外情况可以迅速采取紧急预案进行响应。

③统一使用同一个专业化的第三方物流服务商，有利于科学规划集货线

路，提升车辆利用装载率，有效降低物流运作成本。

1.4.3 汽车零部件物流智能化

在汽车零部件物流一体化过程中，伴随工业4.0时代的到来，定制化拉动式生产将成为汽车生产的主要模式，即由客户需求来驱动生产。在这种模式下，企业不再处于系统之后，而是直接与市场终端用户、供应商对接，双方通过智能平台互联与协同，由订单驱动生产，生产与物流互联互通。在这一过程中，智能物流调度中心、供应链可视化系统和生产物流智能配送系统等将会发挥重要作用。

（1）智能物流中心

在汽车工业园区建立智能物流中心，以整车厂MES系统、WMS系统、ERP系统和SCM系统为基础，驱动整车厂企业内部的营销/计划/运营/采购/生产/质量/服务等业务执行，以及与供应链的上下游供应商、关键客户、第三方物流实现互联互通，实现采购供应、生产物流关键环节的标准化、信息化、局部自动化及智能化。

（2）供应链可视化系统

供应链可视化是采用信息技术，采集、传递、存储、分析、处理供应链中的订单、物流以及库存等相关指标信息，按照需求以图形化的方式展现出来。

如图1-8所示，供应链可视化的数据来自于供应链中各节点企业内部系统的数据库，或者节点企业之间进行交易的EDI、可扩展标记语言（Extensible Markup Language，XML）文件等数据。利用应用集成网关提供的各种数据接口将其抽取（Extract）、转换（Transfor）、加载（Load）到目标数据仓库中。针对可视化对象建立多维数据集，联机分析与处理（OLAP），利用多维数据集和数据聚集技术对数据仓库中的数据进行组织和汇总，用联机分析和可视化工具对这些数据进行评价。最后使用前端展示工具将可视化信息以各种图表的方式直观展示出来，用于用户分析决策。

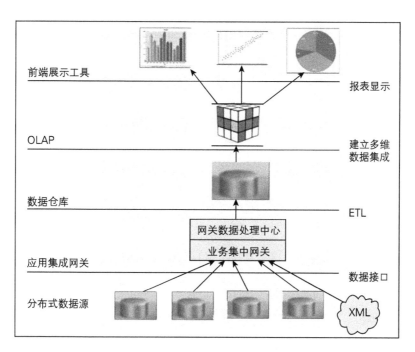

图1-8 供应链可视化系统结构模型

1.5 汽车零部件精益智能物流模式

1.5.1 汽车零部件精益智能物流的主要内容

随着汽车生产模式从面向库存到面向订单的演变，汽车物流的目标已经从单纯降低库存、提高运输效率提升为通过集成优化，降低物流综合成本和提高企业运作效率。汽车物流管理已经从粗放模式演变为以关键绩效指标为依据的精细化模式。

汽车供应链环节多，不确定性因素多。汽车生产既要防止生产延迟，又要最小化存货，因此汽车行业必须推行精益生产方式，关注企业内部和供应链的组织流程优化，让物流在组织内部以最短的时间、最短的流程实现零部件的准时供应。

通过准时制实现按需生产，这就要求零部件入厂物流能够根据订单需求和生产节拍，将各种零部件准确运送到消耗点，零部件入厂物流一般更多采用

"直送工位"方式。同时，整车厂与供应商之间将建立信息通道，将零部件需求和物流要求向上游供应商传递，实现整条供应链的及时供货。

随着汽车物流与供应链的精益管理水平的提升，以及物流新技术和管理新工具不断推出，汽车零部件精益智能物流的重点内容如下：

(1) ABC 分类

整车厂使用的分类法不仅需要考虑零部件的价值，还要考虑零部件的运输距离、重量体积等因素。通常在决定一种零部件的送货频率时，需要达到并实现的目标是使零部件在整个供应过程的总成本最小化。

采用 ABC 分类原则，将零部件根据价值和运输距离，进行分类。其中 A 类属于高价值零部件，物料供应采用 JIT 方式。零部件被直接送到工厂，而不经过中转。B 类零部件被运到中转库，通过物流操控系统，以交叉转运（Cross-dock）方式送到生产线边。C 类零部件被短暂存储，根据生产需要进行补充。

(2) 模块化供货

对于仪表板、座椅、保险杠等物流体积较大的零部件供应商，供应商将生产车间建在紧靠整车厂的供应商园区内，实施模块化供货。整车厂通过设定 1~2h 库存的零件拉动系统，控制园区外供应商零部件的流动，并在设定的时间窗口接收、存储和配送，降低提前期成本，消除零部件在仓库和生产线边的不必要移动。

(3) 精确集货

由第三方物流公司作为物流服务供应商，实施零部件精确集货，确保国内供货商按班次集货、海外供应商按日集货，确保在 30min 的时间窗口内将货物准时送到整车厂的生产线边工位需求点。

(4) 实时物流

丰田汽车强调"减少浪费"的 JIT 生产模式。JIT 的核心技术是高质量、高准确率的零部件实时物流管理。丰田在其日本本土的零部件 JIT 物流以循环取货为特色。而在北美和欧洲采用 3C 模型，即集货（Collection），交叉转运

（Cross-dock），联式运输（Consolidation）。零部件供应物流 3C 模型是零部件精益物流的典范。另一方面，精益生产强调生产与物流的柔性。实时物流提高了零部件物流的柔性，能够根据生产计划的动态调整，协调相对刚性的自动化物流系统。如总装车辆生产顺序的调整与零件同步物流系统的协调。

因此，实时物流是伴随 JIT 产生的，以最大限度降低库存水平，加快物料流通，使补货时间更加精确，达到降低成本，提高服务水平的目的。

（5）中央物流中心的系统整合

中央物流中心主要是指提供库存管理、运输、物流中心管理、信息系统等物流服务的第三方物流服务商。由第三方外包运营，它所有的作业方式都是按工厂需求拉动的，成为工厂的延伸部分。

丰田通过将所有零部件供应物流的运作都集中在同一物流中心实施，满足日益复杂的零部件生产需求。同时，通过业务整合与优化，采用如图 1-9 所示的汽车零部件物流管控集成系统，对生产计划、零部件供应、生产过程跟踪控制、库存管理、线边在制品控制、选装件管理等进行系统化管理，实现了零部件物流的系统决策和综合成本最优。

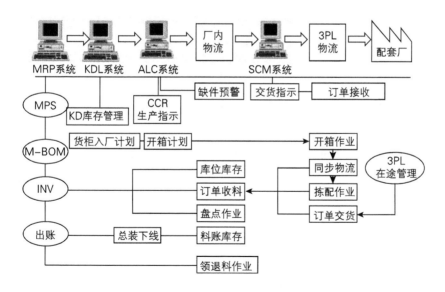

图 1-9 汽车零部件精益物流系统架构图

（6）一体化零部件供应物流运作模式

目前，国外汽车整车厂已经普遍实现面向订单的制造（Manufacturing to Order, MTO）进行生产，即根据客户订单组织生产。其零部件物流已基本采用一体化零部件精益物流运作模式。这种运作模式的管理内容主要包括精益物流管理、看板拉动排序循环补料、配套小总成精益管理、JIT 配送、工位器具设计制造管理、最大最小库存量及断点零件管理、WMS/TMS、循环取料、送料物流运输、供应商物流配送准点、定量及运送的全程控制、实施高位料架存放管理、带轮工位器具、周转箱、标准包装和拖车配送等。通过上述管理，达到整个物流系统运作有序化、透明化、高效率、低成本的目的。

1.5.2 丰田汽车的零部件入厂物流方式

丰田公司的精益物流模式是世界最先进的汽车零部件物流模式，某丰田合资整车厂的精益物流模式如图 1-10 所示。

（1）厂外物流模式

厂外物流的范围包括工厂受入口以外所有的零部件物流，如供应商的集货和空箱返回中继地（区域集货中心）中转、中继地→中储（Distribution Center, DC）仓库、DC 仓库→受入口交货（丰田模式还包括中继地→待机场、待机场→工厂受入）等。丰田厂外精益物流方式主要包括顺引、电子订单分割、循环取货和整车厂附近中储 DC 仓库等。

丰田的厂外物流分为[一]KD 件、远途及周边零部件物流。电子订单分割是根据生产线进度，进行看板补货。对于本地零部件供应商，大物采用顺引物流模式进行按进度供应，其余则严格按平准化物流方式向总装车间或整车厂附近 DC 仓库进行零部件供应。周边的近距离供应商采用循环取货方式进行多供应商的零部件顺序取货。整车厂附近 DC 仓库主要解决远距离零部件的存储。远途零

[一] KD 件指套件，KD 为 Knock Down 简称。

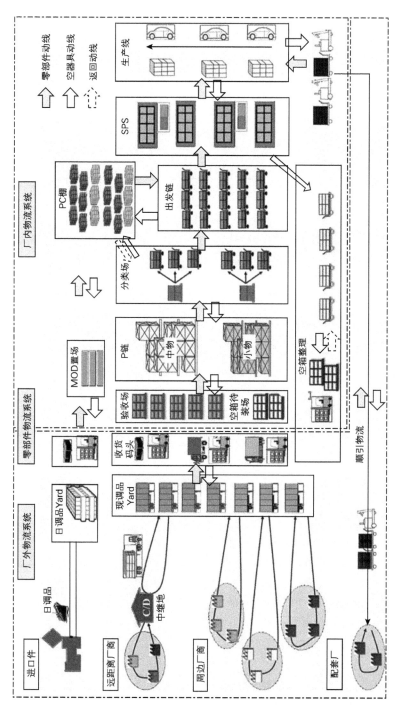

图1-10 某丰田合资整车厂的精益物流模式

第1章 汽车精益智能物流

部件主要是在整车厂附近 DC 仓库进行中转后,再以干线运输交货至待机场(Yard),向总装车间进行批量或顺序零部件供应。KD 件一般是以一个货柜为单位拉动至 Yard,再根据平准化时段送至收货码头。

(2)厂内物流模式

厂内物流的范围包括工厂受入口以内的所有零部件物流。厂内物流方式主要包括中小物的 SPS 方式,大物的顺建和批量供应方式,标准件的看板后补充批量供应方式。其中,大物批量供应是根据生产进度,把零件定时不定量地直接供应到生产线。

厂内物流采用 P 链(Progress Lane)作为料箱和料架的收货进度分割缓存区。根据总装车间的装配进度,厂内物流系统将零部件依次拉动至分类场、PC 场和出发链。PC 场作为远距离零部件的暂存区。P 链是以生产进度实绩进行拉动,例如,总装每满 20 台下线则同步拉动一个 P 链,同时以灯号指示出发链送料至 SPS 拣配场。SPS 区拣配完成的台套零部件利用 SPS 台车送至总装车间各对应工位。

(3)物流前置期(L/T)

汽车零部件物流在整个汽车产品开发、生产、销售环节中处于中间环节,它既是从商品计划至销售的整体投资 L/T(Lead Time)以及生产 L/T 的一部分,也可单独分解为物流 L/T。物流 L/T 一般包括供应商准备 L/T、外物流 L/T 和内物流 L/T,如图 1-11 所示。

①订单接收与备货环节(供应商准备 L/T)。整车厂根据生产计划和生产进度,以及各零部件供应商的准备周期发布订单。供应商准备 L/T 是指供应商通过网络或物流车辆交货后从整车厂获取订单,完成备货所需的过程时间。

②外物流运输环节(外物流 L/T)。从零部件供应商出货开始,经过或不经过中继仓库或仓储中心,到达整车厂的待机场,并按照计划时间进入整车厂卸货区或根据生产进度进入内部物流入口的物流过程。

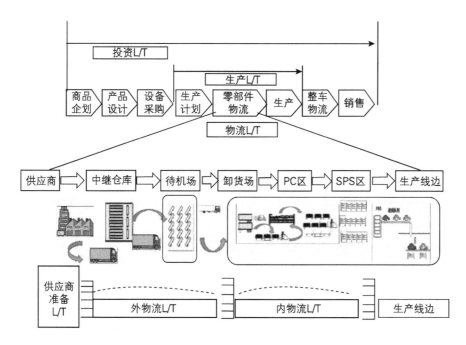

图 1-11 丰田合资厂零部件物流 L/T 图

③内物流搬运环节（内物流 L/T）。它是以外部物流车辆卸货口或进度吸收链为入口，以最终生产线的装配为终点的物流流程。就物流性质而言，其一般可细分为两部分：一部分是零部件搬运、验收、分拣等必要物流作业时间；另一部分是安全库存的零部件消耗时间。

由于汽车零部件的供应商分布广泛，物流模式存在混载、单独运输、中继地运输等多种模式，因此，对于复杂的物流流程，需要通过物流节点来进行时间衔接。物流节点是对每一单独物流过程的界定，包含节点项目和动作，其中动作包含到达和出发两部分。物流节点的选择是根据配送的频率和整车厂的要求，以实现配送时间最短、物流成本最低和物流服务质量最高为目的。

1.5.3 汽车零部件物流的拉动方式

考虑到汽车零部件的实体及其物流要求差异，汽车零部件及其物流方式的关系见表 1-1。

表1-1　基于物流属性的汽车零部件分类

分类	特性	包装状态	物流方式	零件示例
大物	重量较大的零部件	料架器具	顺引顺建批量	发动机、变速器、座椅、轮胎、消音器、玻璃、制动盘、车门外板、顶盖等
	重量、体积较大的零件(长度大于1m),或多个品种放在一起,不易拿取,易干涉的零部件			顶棚、保险杠、行李箱护面、地毯等
	多个品种放在一起,不易拿取,易干涉的零部件			门洞密封条、水槽密封条、手制动后操纵拉线等
标准件/通用件	标准件	欧标箱、纸箱、塑料袋	批量	螺栓、螺母、螺钉、垫片、铆钉、螺母板等
	体积非常小的通用件			如卡扣、胶贴、保险丝、管箍、线束扎带、密封环、固定夹、保护盖、孔盖等
中小物	去除大物和标准件,其他零部件视为中小物	欧标箱、PVC㊀箱、纸箱	SPS批量	车门锁、气囊模块、线束、千斤顶、控制器、溢流管等

汽车零部件物流的拉动方式主要包括厂外拉动与厂内拉动两种方式,具体见表1-2。

表1-2　汽车零部件拉动方式

业务功能	厂外拉动		厂内拉动			
	排序拉动JIS	及时拉动JIT	顺建拉动JIS	看板拉动	安灯拉动	SPS/随行料架
系统功能	接收排序信息	最大最小库存设定	接收排序信息	看板扫描	安灯信号请求	配料信息发布
	排序件维护	供应商时间窗管理	排序件维护	看板打印	安灯信号确认	配料单维护

㊀　PVC箱指聚氯乙烯材料所制成的箱子,PVC为Polyvinyl Chloride简称。

（续）

系统功能	接收排序信息	最大最小库存设定	接收排序信息	看板扫描	安灯信号请求	配料信息发布
	排序件维护	供应商时间窗管理	排序件维护	看板打印	安灯信号确认	配料单维护
	对供应商JIS拉动发布	JIT拉动单模组	对物流JIS拉动发布	看板拉动	安灯信号取消	随行料架出库
	供应商接收/发运	对供应商JIT拉动单发布	物流/3PL接收与发运	看板检验	安灯信号复位	满料架上线
	排序信息查询	供应商接收与发运	排序信息查询	看板拉动单维护	零件安灯关系维护	空料架下线

1. 零部件厂外拉动类型

厂外零部件供应商的物料供应主要采用JIT拉动或JIS拉动，其业务模式如图1-12所示。

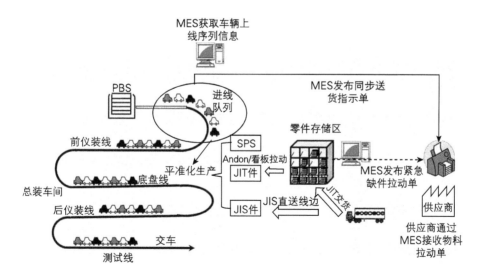

图1-12 厂外物料拉动方式

整车厂采用 JIT 拉动时，以供应链系统设定的零部件最小库存作为零部件拉动信息发布的触发点。当整车厂内的零部件库存值低于最小值时，系统自动向零部件供应商发布订单，指示零部件供应商或物流服务商进行 JIT 物料供应。

厂外 JIS 排序拉动时，整车厂供应链系统实时获取总装拉动点的车辆过点信息。系统根据车型配置清单和车辆生产计划的排序信息，生成排序物料单。一般采用 10/20/30/40 台的方式，向周边零部件供应商或物流服务商发布物料排序同步拉动指示信息。

2. 零部件厂内拉动类型

根据零件特性，与厂外零部件物流相对应，零部件厂内物流主要包括 JIS、JIT 和 SPS 等 3 种配送上线方式。

（1）厂内 JIS 模式

厂内 JIS 模式的主要原因是零件规格较多，供应商又距离整车厂较远。以车身线束为例，每种车型可能有多达十几种的类别，但总装线边的空间位置有限，不能同时堆放十几种规格的整箱零件在线边，所以零部件物流需要采用先排序再配送线边的模式。现场装配人员根据总装车辆排序拿取已排序好的零部件，直接进行装配。零件排序与总装线上生产的车序是完全相同的。

（2）JIT 模式

JIT 件一般属于线边可以放置一定数量（线边库存）的零部件。这种零部件的拉动是通过实时收集线边零部件消耗后，将零部件需求信息发送至总装车间仓库备货区，然后再送到线边。

（3）SPS 模式

SPS 又称单台份零部件成套供应，即采用备料台车装载中小物单台份零部件进行成套供应装配线。SPS 也是根据总装车间的车辆排序进行备货，物料台车中放置对应车辆所需装配的中小零部件。该台车上线后，跟随车体在总装生产线流动，方便线上工人拿取。

3. 对JIS的深入理解

JIS是一种按需求进行的流水作业式供料方法，适合多品种混线的流水线生产。整车厂根据混线车辆投入顺序计划，同步的顺序领取各种零部件。如图1-13所示，如果总装线上3种汽车的生产顺序计划为"A-B-C-A-B-C"，则零部件供应商或区域分发中心（Regional Distribution Center，RDC）根据总装MES发布的"A-B-C-A-B-C"的车序指示进行同步供应。

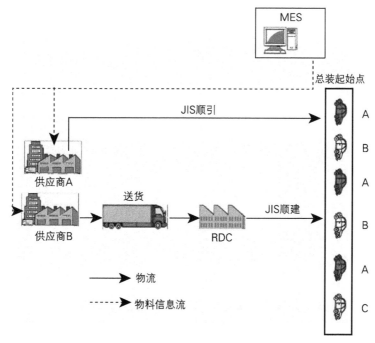

图1-13 JIS拉动模式

JIS模式主要包括两种方式：

①厂外JIS。厂外JIS即顺引，主要是指零部件是由整车厂周边供应商进行排序配送，运送零部件的牵引车往返一次一般控制在1h以内。

②厂内JIS。厂内JIS即顺建，由于有的零部件供应商距离总装车间较远，零部件是先送到整车厂周边DC仓库，再由DC仓库进行排序后送到线边。

厂外JIS与厂内JIS的主要区别在于：厂外JIS是供应商排序后送到线边，

而厂内 JIS 是在 RDC 仓库或车间大物缓存区内进行零件排序后上线。

厂外 JIS 由于是供应商直接送货到线边，因此送货时间的控制尤为重要。厂外 JIS 零件确定的一个约束条件，就是总装起始点到零件安装工位的提前期是否符合物流排序送货时间的需要。例如，线上车辆从总装起始点到零件安装工位需要 2h，供应商排序备货 0.5h，物流送货 0.5h，供应商排序备货时间加上物流送货时间小于车辆从总装起始点到零件安装工位的时间，该供应商的零件可以采用厂外 JIS 模式。但是如果供应商排序备货时间加物流送货时间大于从总装起始点到零件安装工位时间，那么该零件只能采用 JIT 或厂内 JIS 进行管理。

不论是厂内 JIS 还是厂外 JIS，车序的起始点都是总装上线点。也就是说，一旦空车身进入总装车间，上线车序就不能被改变，只能按照现有顺序进行生产。JIS 件的需求信息是通过总装上线点的 AVI 系统收集空车身通过信息，并且将空车身通过信息根据制造 BOM 转换成对应的零部件信息。

例如，轮胎一般采用 JIS 配送。当车身通过总装车间上线点时，在轮胎备货区域收到对应车辆的轮胎规格及其数量信息，每组轮胎上也会标识对应车型信息，方便备货人员或线边组装人员识别该轮胎所对应的车型。

1.5.4 丰田与欧美汽车零部件物流模式的比较

丰田汽车与欧美主要汽车厂商物流模式的差异主要体现在管理思想、计划模式、工厂物流规划、仓库、SPS 区、中储等方面。

（1）管理思想

在 20 世纪四五十年代，由于销售市场小，厂房及库房空间小，资源紧缺，为了消除浪费，节约成本，丰田开创性地发展出丰田生产方式。TPS 是丰田企业文化和管理的核心思想。丰田认为库存是最重要的浪费。常年高库存所带来的浪费远远大于因一时异常所带来的停产损失。

而欧美汽车企业由于基础较好，销售市场广，经营环境相比日本较为宽松。欧美汽车企业的经营思想更侧重于产品技术创新与标准化管理，而对于成本控制方面重视程度则不及丰田。

（2）计划模式

丰田严格执行平准化的月/日生产计划，这样物料需求也可以进行同步平准化拉动。零部件供应商在第 N 月得到第 $N+1$ 月每日平准化的计划。因该月每日的零部件物流方案完全相同，因此每月仅需确定一次月计划即可。考虑到生产变动的差异会造成物流方案的变化，从而导致物流资源和人员投入的不均衡。丰田对于相邻的月度，日产量的差异也尽量平准化。此外，丰田将平准化在途运输的零部件看作安全库存的一部分，追求满足 JIT 的最小安全库存。

欧美汽车企业比较重视生产计划的制订和销量的执行。当出现需求与订单波动、供应商供货与品质异常、设备故障导致停产等情况时，一般会通过加班或计划调整等方式加以应对。因此，欧美汽车企业生产计划的调整程度与频次较高，无法做到按月固定的日平准化零部件需求计划，也无法按月制作每天完全相同的物流方案，多采用建立 DC 仓库，以较多的安全库存应对各种变化和异常，以保证生产安定。

（3）工厂物流规划

丰田汽车厂内物流一般规划 Yard 区、P 链区、PC 区、SPS 区等各种物流区域，整体物流面积相对较大，其车间整体面积的占比大于欧美汽车整车厂。较大的物流面积能够吸纳一定的异常波动，避免生产异常导致爆仓时物流面积的不足。而欧美汽车整车厂的生产车间的内部物流面积较小，对于异常波动的吸纳能力远小于丰田，需要通过建立 DC 仓库，作为零部件缓冲区。

（4）入厂物流方式

丰田通过实施月度平准化计划进行厂外物流平准化的拉动。对于远距离供应商，采取区域集货平准化的循环取货，每条线路货量不同，日集货频次也不同，循环取货后送至区域集货中心。区域集货中心再根据整车厂平准化规划的时段需求干线运输交货至 Yard，再根据指定时段到收货码头卸货。丰田汽车的一般厂外物流模式如图 1-14 所示。

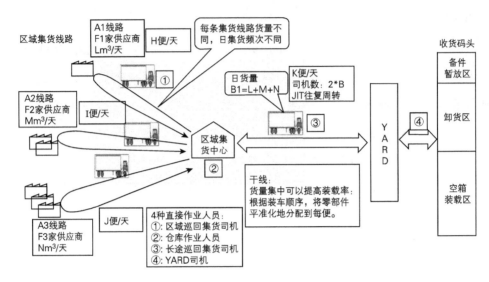

图 1-14　丰田汽车的厂外物流模式

欧美整车厂和丰田的零部件入厂物流流程分别如图 1-15 和图 1-16 所示。对于厂外零部件，二者都是通过物流服务商对零部件进行短距离循环取货后，进入中继地仓库（区域集货中心），再通过干线运输车辆运输至 RDC 仓库。

图 1-15　欧美整车厂外地零部件入厂物流流程图

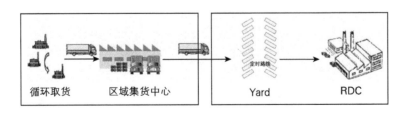

图 1-16　丰田外地零部件入厂物流流程图

二者的主要差异体现在：

欧美整车厂附近有供应商中转仓库（DC中储仓库），干线运输车辆运输到整车厂DC仓库，再从DC仓库通过看板供货出库，短距离运输到整车厂RDC仓库。

而丰田在整车厂周边未设置DC仓库，将Yard区挂车作为活动的仓库，具有类似DC仓库的功能。干线运输车辆直接运输到厂内Yard。干线运输车辆的牵引式挂车到达Yard后，卸掉牵引车，挂车变成活动的仓库，立即重新牵引携带空盛具的挂车返回中继地仓库。整车厂的物流信息系统发出指示，通知牵引车到Yard牵引挂车到工厂指定卸货位卸货。因此，丰田是基于生产的平准化计划去拉动挂车的平准化送货物流，进而实现同步的生产物流。

因为DC仓库属于仓储的概念，存储时间长（外地3~10天，本地1天）。其仓储成本主要由仓库成本、人工成本、设备成本和运营成本组成。而Yard属于场地的概念，存储时间短（外地最多1天，本地小于4h），且不存在装卸货操作，其主要成本由场地成本和车厢成本组成。因此，Yard的物流成本要远低于DC仓库的物流成本。

（5）本地零部件物流模式

如上所述，对本地零部件物流模式分为直供和集货两类。图1-17和图1-18分别是欧美整车厂与丰田的本地零部件入厂物流模式。二者的差异在于丰田没有中储，平准化集货至Yard，库存较少。轮胎、座椅等顺序供货零件均采用JIS方式，由供应商直接送至总装车间。

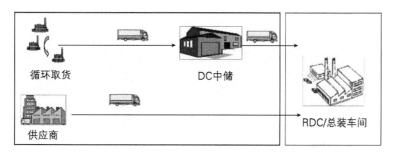

图1-17　欧美整车厂本地零部件入厂物流流程图

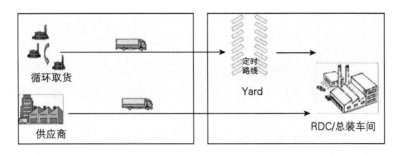

图 1-18 丰田本地零部件入厂物流流程图

(6) 厂内物流方式

丰田供应链成本控制的优势越来越被世界各地的汽车企业所关注,各汽车企业纷纷向丰田公司学习平准化物流技术,降低供应链内的零部件库存,增加企业的利润。图 1-19 和图 1-20 分别是丰田与欧美整车厂的厂内物流对比,从中可以看到欧美整车已经借鉴丰田先进的物流技术,如分流区、SPS 区以及大物 JIS 直送等。但是由于企业文化和管理方式的差异,欧美整车厂不能完全实现像丰田一样的平准化物流。

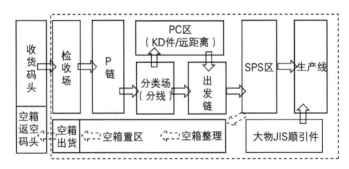

图 1-19 丰田的厂内物流模式

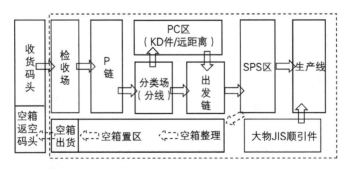

图 1-20 欧美整车厂厂内物流模式

丰田的平准化物流没有设立厂外中储仓库，以 P 链平准化均匀切割每日的送货车次和送料面积，每一个分割链配合平准化生产进货。P 链对所有零部件供应商提供的缓存区相同。

对于体积较小和供应商距离整车厂较远（50km 以外）的零部件，从 P 链搬出后，会根据供应商类别放置在 PC 区。PC 区主要采用斜坡料架，物流人员根据供应商外看板的位置信息，从高的一侧补充零部件；根据内看板指示，从低的一侧拣选零部件，保证零部件的先进先出。PC 区虽然增加了暂放和处理的作业，但提供应对生产变化的库存缓冲和灵活性，远距离的零部件和 KD 件在 PC 区的安全库存一般设定在 2h 以内。

其他整车厂在厂外设有中储仓库，定时从中储仓库搬运至整车厂线边仓库，码头收货检收后一般按料箱和料架分别搬运至库存区。线边仓库存储区可以按总装线别或厂家类别进行规划，专用件及易损件设有安全库存。KD 件可以在线边仓库设立存储区，如线边仓库的仓储能力不足，也可以在厂外设立 KD 库，定时搬运至整车厂。

第 2 章 汽车零部件厂外物流精益技术

2.1 汽车零部件厂外物流模式

厂外物流是指零部件采购的流程,即从供应商处将零部件运送到整车厂物流仓库。目前,对汽车整车厂一般都在周边建有区域集配中心,其作用是作为远距离零部件供应商在整车厂周边的缓存仓库及换装作业场。目前汽车零部件厂外物流模式主要包括JIS、循环取货、直送、联运等方式,具体如图2-1所示。

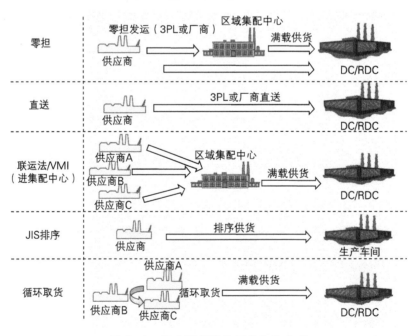

图2-1 汽车零部件的厂外物流方式

1. JIS同步物流模式（顺引物流）

JIS同步物流模式也被称为准时化排序供货。丰田将厂外JIS同步物流称为顺引物流。顺引物流是指整车厂周边较近的汽车零部件供应商或配送中心，根据整车厂进线顺序同步配送零部件的一种物流方式。

顺引物流主要适用于零件体积大、重量大、种类和颜色类型多的零部件，如座椅、保险杠、轮胎、发动机等。这些零部件的规格、数量等经常会根据生产计划中的车型、配置而变化，顺引物流主要根据整车厂总装生产进度，零部件供应商在出货前通过特定JIS看板或电子顺序指示等可视化工具，接收零部件需求的数量和顺序。零部件供应商根据整车厂总装车间车辆装配的先后顺序预先排好零件顺序，用专用配送车辆直接送到总装车间。JIS同步顺引物流的运作模式如图2-2所示。

图2-2 JIS同步顺引物流模式运作图

顺引物流具有以下特点：

①顺引物流采用JIS模式，按生产的顺序交货。顺引物流主要针对周边供应商生产的零部件，采用顺引（厂外排序）方式直接引取到线边。顺引物流根据生产线的生产状况而进行JIS送货，属于定量不定时的一种物流方式。"定量"是指专用台车或卡车的装车数量是确定的，一般控制在20到30台份之间。"不定时"是指零件随车辆下线进度循环引取。当总装生产线无异常，根据设定的T/T进行生产物流拉动时，则物流的拉动是定量定时的方式。反之，当总装生产线发生异常停止超过一定时间时，零部件供应就停止。

②顺引物流本质是一种更为精确准时的JIT供货模式。顺引是运用在制造业，特别是离散型制造业中的一种高效率的生产和产品组装的物流管理新技术。即在真正需要装配某种零件的时候，这种零件才会精确准时地供应到生产

线边，并且零件数量有限，仅满足一个固定时段内的物料需求。生产线每个工位旁边的零部件备货要与生产线上组装的产品型号、规格相一致（完全匹配对应物料、时间和空间等），实现线边库存最小化。

③顺引物流的优点是可以减少工厂内零部件存储区面积，同时降低厂内物流作业负荷，减少厂内物流作业人数，降低物流成本。

2. 循环取货

循环取货是零部件集配中心的一个重要组成部分，循环取货作为一个优化的物流系统网络，具体运作模式如图2-3所示。

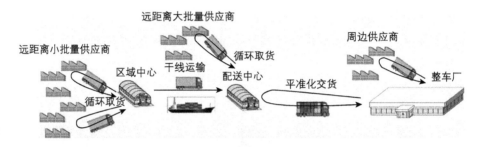

图2-3　循环取货模式运作示意图

循环取货属于一种JIT物流模式。采用循环取货模式时，需要预先设计运输线路和窗口时间。取货车辆要求在规定的时间到达每个供应商处，将零件从供应商处运送到整车厂，并从整车厂返回空盛具到供应商，再次装箱送货，以此类推。在整个物流循环过程中，送货车辆上都是有积载的，以此降低物流运输过程中的浪费。循环取货具有固定的多频次集货、小批量、定时性、闭环拉动等特点，其优点在于：

①有利于标准化作业，同一种零件、同一条路线、同一时间可以按时段取货。

②有利于提高车辆装载率与运输效率。在物流量相同的前提下，运输总里程缩短，容积率可以事先计划和持续改进，降低物流运输成本。

③循环取货有利于准时性，使取货、到货窗口时间计划更合理，零件库存更少、更合理，为整个供应链提供一个更有效的控制库存方法。

④可由整车厂委托专业物流运输承包商进行运作，运输车辆的状态、司机素质和专业要求等因素得到保证，保证供货安全。

针对零部件供应商的零部件种类、物流需求和物流距离等因素，汽车零部件物流的循环取货模式又可细分为以下三类：

①远距离、大批量的供应商循环取货后直接送至配送中心。

②远距离、小批量的供应商循环取货后运输到中转中心，集并后干线运输至配送中心。

③近距离的供应商循环取货后直接运输到整车厂。

3．直送模式

直送模式就是零部件供应商直接把零部件送到整车厂。这是一种介于同步物流和循环取货之间的物流方式，具体运作模式如图2-4所示。这种模式主要针对整车厂附近供应商或大件供应商，采用单独取货的物流模式。直送模式一般会由第三方物流下载相应的订货指示，按照固定的取货和到货窗口时间组织车辆进行取货与送货。这种模式会给零部件供应商带来一定量的库存，同时占用整车厂的仓库资源。

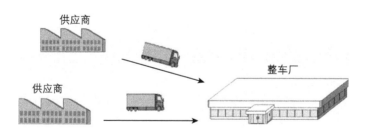

图2-4　直送模式运作图

4．直接转运模式

直接转运是将来自不同零部件供应商的产品汇集到中转仓库、配送中心或物流中心，但这些货物到达时不入库储存，而是立即直接或经过理货处理后直接运往出库站台发运，搬入正在等待的货车，然后送到指定的目的地。对中转仓库、配送中心或物流中心而言，直接转运模式要求中转仓库具有较大的空间位置，以便进行货物的接收、临时存放、拆箱、理货处理等作业。

这种零部件入厂物流模式主要是针对进口 KD 件、航空快件和远距离、小批量零部件的生产供货，零部件运输到物流配送中心后，进行简单的换装处理或不做处理就马上转运到整车厂总装车间。这种物流模式的主要优势在于物流反应速度快，物流配送中心的物流处理能力强。

5. 联运模式

联运模式是在整车厂外建立仓库，也可称作区域中心或联运中心。各零部件供应商将零部件直接送到联运中心后，再由联运中心统一调配，混合送往整车厂。联运中心具有一定的仓储功能。

6. VMI 模式

VMI 是由第三方物流代替零部件供应商行使库存管理决策的一种新的库存管理方法。VMI 主要针对部分配送成本高、很容易造成缺件的零部件，由供应商送到整车厂指定的第三方物流仓库。在没有 VMI 时，零部件供应商彼此之间都是独立的，送达的货物都是彼此分开的，当有了 VMI 后，第三方物流会在发货之前先提供换装、分拣等服务，VMI 会根据整车厂的要求，把零部件按照成品的比例配置好，然后再发送到整车厂，这样可以提高整车厂的生产效率。VMI 的具体运作模式如图 2-5 所示。

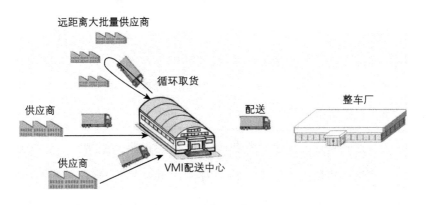

图 2-5　VMI 模式运作图

7. 零担发运

零担发运的主要针对试作件或交货批量较少的零部件，同时也针对距离整车厂和其他供应商较远不适合循环取货的零部件供应商。零担发运一般由第三方物流公司承担配送。

对丰田汽车而言，由于能够做到安定的产销计划和平准化物流，一般采用停放在 Yard 的挂车车厢作为缓存区，再转送到生产线边仓库。其厂外物流一般采用顺引物流与循环取货物流两种模式。此外，对于距离整车厂较近的零部件供应商，其零部件物流一般是用时间窗排定计划或 JIT 直接送货到 RDC/生产线边，体积大的零件一般是 JIS 排序交货，厂外物流调达配送模式见表 2-1。

表 2-1 厂外物流调达配送模式

厂商类别	物流模式	入库别
中远距离分散厂商	零担运输/进3PL集配中心	中储仓库 RDC 仓库
中远距离集中厂商	循环取货	区域中心
	支线取货/送货+进区域集配中心+干线运输	中储仓库
近距离集中厂商	循环取货	RDC 仓库
	支线取货/送货+干线运输	
货量大分散厂商	满载直供货	中储仓库 RDC 仓库
周边配套厂	JIT 直送/JIS 同步供货	生产线边

厂外物流调达配送模式说明如下：

①上述各种物流模式规划以物流总成本最低为原则。

②集配中心以利用第三方物流现有仓库资源为主。

③集配中心的主要目的是各分散、货量小的零部件在集配中心实现货量的配载，干线运输实现满载，降低物流成本。同时实现空箱的集中返还与管理，降低空箱回收成本。

2.2 汽车零部件厂外同步拉动模式

汽车零部件类别主要包括 KD 件、循环取货件、大件、远程离岛厂商、周边体积特大件、周边中小件等。针对不同零件类型，厂外拉动采用基于物料消耗的 JIT 拉动和实际车辆生产序列的 JIS 排序拉动，对零部件供应商进行物料同步拉动。厂外送货模式以及中储仓库对整车厂 RDC 仓库和生产线边的零部件配送模式如图 2-6 所示。

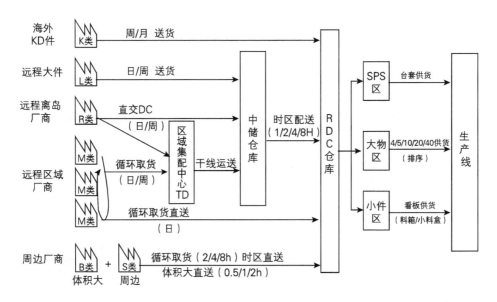

图 2-6 厂外物流调达配送模式示意图

整车厂一般在其附近设有 DC 仓库，零部件集货后送至 DC 仓库或 RDC 仓库。DC 仓库一般有 3 天以上的零部件库存。部分零部件需要在 DC 转换标准容器后，再送至整车厂 RDC 仓库。大物排序件由 DC 排完序后直送整车厂线边，也有大物排序件先送至 RDC，再由 RDC 排序送线。排序件一般采取 4/5/10/20/30/40 台份的方式进行排序送线。非标准包装的中小物在 DC 换装后，采用 JIT 批次拉动送至 RDC 的 SPS 区。标准件由 RDC 根据看板拉动至线边。

DC 至 RDC 的物流拉动方式如图 2-7 所示。可采用定时拉动模式（如 1/2/4h），也可采用定量拉动模式（如排序件 4/5/10/20/30/40 台份拉动），或者根据大中小物零部件每日计划交货量，采用切割系数（如 1/2/4/8）的模式进行拉动。

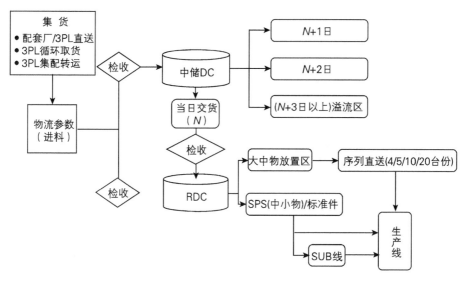

图 2-7　DC 至 RDC 厂内物流模式

整车厂 MES 的 JIT 物流指示原理可参考图 2-1。在整车厂供应链系统中设置的零件库存最小值作为物流拉动信息发布的触发点。当库存物料低于最小值时，系统自动向零部件供应商或物流服务商发布拉动物料订单。

JIS 排序拉动是在车辆通过排序拉动点时自动采集车身信息，根据车辆配置的零部件信息生成零部件排序清单（常用 10/20/30/40 台的方式），向周边零部件供应商或物流服务商进行零部件同步拉动。

虽然 KD 件和国产零部件的物流特性存在着不同，但是为了实现精益生产的目的，对于两者采取类似的精益物流的方式。KD 件的物流模式各个整车厂做法有所不同。有的是在周边设 KD 仓库，有的是在整车厂内设置 KD 仓库。国内的丰田合资整车厂由于距离海外母公司较近，采用平准化生产物流模式，KD 件也采用接近于同步的生产/装柜/海运/通关/交货，即在 Yard 集装箱货柜依序放置，依序调柜开箱生产。

KD 件的交货方式主要包括两种方式：第一种是以批次为单位，每个批次包括 10 台份的零部件，交货时根据生产计划纳入 10 的整数倍的零部件。这种交货方式适用于体积较大、成套铁制品；第二种以零部件包装数为单位，根据生产计划交货单个零部件整数倍的部品，因此每次交货零件种类和数量均不同。例如，零件 A 和 B 的 SNP 数分别是 800 和 400，生产计划是 1010 台，那么 A、B 则分别纳入 2 箱和 3 箱。这种交货方式适用于卡环、垫圈及螺钉等体积较小的通用零部件。

2.3 零部件厂外物流技术

2.3.1 物流交货的平准化模式

物流平准化是将物流供应的物品种类和数量进行平均化。物流平准化是实现 JIT 的前提条件。入厂物流的平准化是指在入厂物流过程中实现稳定的取货频率和取货数量。为了实现平准化，从生产计划到联合配送，其中的各个环节都要准确安排、严格控制，保证零部件按照规定的数量和种类，连续地以稳定的频率和批次送达。基于平准化的生产计划和物料需求，可以实现最经济的入厂物流设备和人工投入，从而做到成本最低。

1. 汽车零部件物流平准化作业模式

(1) 零部件订单平准化

订单平准化的原则是结合生产企业的实际情况，按一定标准对货物需求进行分割，使得每个供应商处所取货量都能满足一定时间内的生产需求。在不发生缺货的同时，尽可能实现零库存。汽车 JIT 生产需要通过小批量、多频次的物流来实现。为了达到这一要求，整车厂需要对每天零部件的货量进行订单分割。装箱数量的不同，不同供应商的日出货量也不同，订单平准化是指整车厂根据一定送货频次，将每天零部件的货量均分为不同订单，保证每个订单的物流量是一样的。

在汽车物流设计中，订单分割数是根据整车厂每天生产时间以及每个订单的零部件能满足生产时间两个因素进行确定。整车厂通常以能满足0.5h生产的货量作为一个订单。当整车厂采用两班制,即每天工作时间16h,所以每天的订单分割数最大为32。订单分割数的计算公式是$T = 0.5 \times 2^n$($0 \leq n \leq 6$)。

因此,订单平准化的计算逻辑是:当零部件供应链中包括q个供应商,每个供应商需要处理的货量为m_q,整车厂每天工作16h,订单分割数为T_q,平准化分割的单位分割处理量为T_{q0},每个供应商的分割基准货量为$T_{q0} = \dfrac{m_q}{T_q}$。

(2)零部件集货平准化

在循环取货时,由于在一条线路上的供应商分割订单不一样,在物流车辆数量和装载量有限的条件下,为了保证较高的车辆装载率,对集货也需要进行平准化。零部件集货平准化是指到零部件供应商的取货频次、货量和取货时间是固定一致的。

集货平准化的作用如图2-8所示。在循环取货过程中,如果未进行集货平准化,会导致车辆装载不均衡,车辆装载率较低,增加物流成本。同时,零部件接收也不均衡。而通过集货平准化,尽可能实现每趟车辆装载率接近,消除以上问题。因此,在整个汽车物流体系中,集货平准化为零部件接收平准化提供必要的支持。

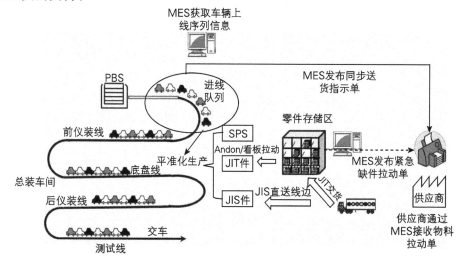

图2-8 零部件集货平准化与未平准化效果对比

(3)零部件接收平准化

整车厂通常有许多供应商,每天集货完成后的物流车辆在到达整车厂后,在整车厂的零部件接收场所(或中转仓库)进行零部件卸货。由于卸货口数量、卸货设备和人力制约,需要基于平准化原则,合理安排车辆到各个卸货口的卸货时间,并尽可能利用最少的接收口完成卸货任务。因此,零部件接收平准化主要考虑车辆接收时间不冲突和每次接收时间均衡化。因此还需要对车辆出发时间进行合理安排,即通过零部件集货平准化保证每次到该供应商处取回相同的货量,并且能够满足在下次货物到达前的整车厂零部件消耗需求。

如图2-9所示,在零部件平准化接收后,车辆到达整车厂的时间固定且互不冲突,而且每台车辆的装载率都能够保持稳定,卸货所需要时间因而也相对稳定。实际接收作业时,每个时段的卸货口均有卸货任务,卸货口间不存在忙闲不均的现象,卸货设备和接收人员较为均衡,设备调度与人力配置也较为方便。如果接收未平准化,则车辆到达整车厂的时间较为随机,可能出现时间冲突。这时只能通过占用更多卸货口、卸货设备和人员加以应对,否则车辆需要排队等待,影响零部件的及时上线。

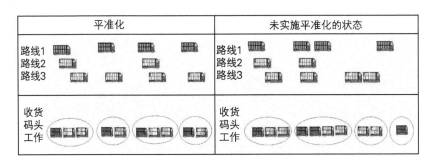

图2-9 零部件接收平准化与未平准化对比

实现零部件接收平准化需要满足的条件包括:

①集货次数的平准化。每次集货都要求到该线路的供应商取货。

②集货货量的平准化。每次到同一供应商集货的零部件数量要求相近。

③订单货量的平准化。根据分割原则将供应商每日供货量进行平均分配,

使得每笔订单的零部件数量相近,这样每次卸货时间也较为相近。

因此,整个循环取货方式的入厂物流是一个系统运作过程。从订单下达到零部件运送到线上消耗点,均需要实行平准化操作,从而实现零部件 JIT 供应。汽车零部件物流平准化的三个方面不是单独的,而是互相关联,每个环节都是为下一环节服务,只要其中一个环节没有做到平准化,都会影响到其他环节的平准化作业。

案例:平准化与交货时间窗

丰田整车厂实施彻底平准化的生产计划,取货物流也是彻底的平准化。由于每月实施当月的日平准化生产计划,所以物流也是每月仅制作一次每天完全相同的物流运行计划,运行管理看板也是每月制作一次。

表 2-2 是丰田整车厂周边零部件供应商交货时间窗的一个示例。该时间窗根据供应商送货包装体积和仪装件、底盘件的比例进行区分。通常情况下,仪装件的料箱较多,底盘件大都采用料架。卸货口的分配是根据每日送货车数和仓库收货后所对应的仓库库位来确定。卸货口分配后再平均分配交货时间。从表中可以看出,各卸货口的收货负荷和收货效率基本均衡。

表 2-2 周边厂商交货时间窗设定例

厂商	周边厂商									
	A	B	C	D	E	F	G			
送货体积(m³)	0.13	0.16	0.12	0.92	0.75	0.80	5.90			
仪装与底盘装载比例	0:1	1:1	0:1	2:1	2:1	1:0	2:1			
卸货口分配	A4	A4	A4	A4	A5	A5	A1	A2	A3	C1
卸货口数	1			1			3+1			
送货总车数	2	2	2	8	7	8	53			
08:00-08:30										
08:30-09:00				1		1	1	1	1	1
09:00-09:30		1		1			1	1	1	1
09:30-10:00			1		1		1	1	1	1
10:00-10:30		1		1			1	1	1	1

（续）

	周边厂商									
10:30－11:00			1		1	1	1	1	1	1
11:00－11:30	1				1		1	1	1	1
11:30－12:00				1		1				
12:00－12:30										
12:30－13:00										
13:00－13:30					1		1	1	1	1
13:30－14:00					1		1	1	1	1
14:00－14:30			1		1		1	1	1	1
14:30－15:00				1		1	1	1	1	1
15:00－15:30		1			1		1	1	1	1
15:30－16:00				1		1	1	1	1	1
16:00－16:30	1				1		1	1	1	1
16:30－17:00				1		1				1
17:00－17:30										
卸货口时间利用率	12%	12%	12%	50%	44%	50%	81%	81%	81%	88%
合计	87%			94%			81%	81%	81%	88%

2. 区域集货中心干线平准化

区域集货中心的主要功能是中转而非仓储。区域集货中心可以消化零部件供应商到货的不平准，同时为整车厂收货平准化提供基础，并提高车辆装载率。出货和到货的平准化后，区域集货中心的在库最小化，仓库面积、设备和人力等资源投入最少化。某区域集货中心的集货计划时序如图2-10所示，区域集货中心采用A、B、C三条路线进行循环取货。从图中可以看到在循环取货实现了供应商供应的平准化。同时，A/B/C/D车的干线运输也基本实现平准化。

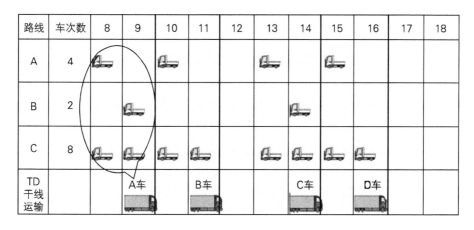

图 2-10 区域集货中心的集货车辆到达和发车时序图

在以确保供应为前提的物流作业计划制订中，需要对每条线路分别设定标准运行时间，如图 2-11 所示。图中每单位刻度代表 10min，每小时 6 个刻度。

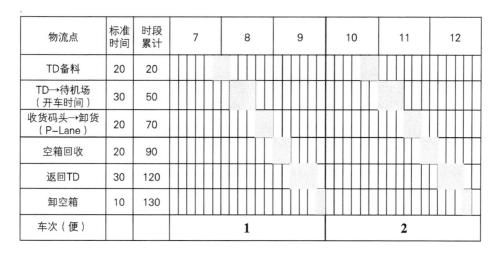

图 2-11 标准运行时间的设定

标准运行时间是制订车辆运行计划的前提，同时也是车辆运行管理的基础。运行管理人员基于标准运行时间对车辆运行进行进度追踪、异常判断和分析处理。也可采用运行管理看板的方式，使实际运行状态和问题可视化。

3. 基于 P 链的区域集货中心平准化物流

丰田的区域集货中心在整个供应链体系中起到中转站和分割订单的功能，如图 2-12 所示。对远距离的区域集货中心均会设置 P 链。零部件采用循环取货方式送至各区域集货中心后，在区域集货中心进行集中再分割。即根据各供应商的零部件订单，按照一定顺序进入 P 链，在 P 链进行分割。P 链将每天交货量平均分割到 12 条 P 链。区域集货中心的分割系数可以参照整车厂分割链参数的 1/2。P 链分割完成后，根据 P 链顺序装运到交货车辆。这样，交货形成一个移动的 P 链向整车厂运送。

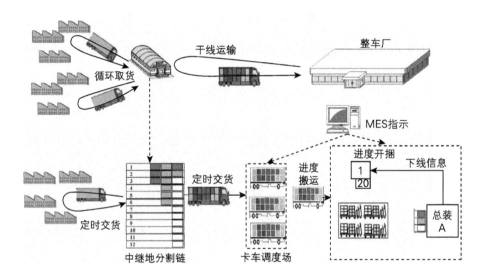

图 2-12　分割区域集货中心物流形式

区域集货中心实施 P 链的目的是收货和交货的平准化。整车厂 P 链每拉动一个单位批量（按分割系数确定）的货量，则循环取货的零部件供应商按两个单位批量的货量进行取货，亦即在同一个交货时间段内，区域集货中心向整车厂干线运输一车的货量，区域集货中心向供应商循环取货两车的货量，这样可以减少区域集货中心的收货库存面积，并确保最小安全库存。

2.3.2 循环取货与供货模式

1. 循环取货的基本原则

循环取货的主要原则包括物流及时化和物流平准化。

（1）物流及时化

物流及时化是指采用多频次、小批量的零部件运输模式，保证零件在需要的时间及时送达取货、DC、RDC、拣选、线边配送等各物流环节，实现物流各环节运转的步调一致，不会出现零件的滞留或积压。多频次、小批量零部件供应最大的优势是将零部件需求平均分割成小等份进行供应，这样既能保证运输及时性，也能减少物流区域和生产线边的零部件面积。同时，由于采用等份供给，每次零部件的供应速度也是一致的。

需要说明的是，多频次、小批量的零部件供应会增加物流成本，单纯对一家供应商实施小批量运输也会导致物流车辆积载率下降。因此，多频次、小批量的取货方式需要配合循环取货方式，通过物流车辆去多个供应商进行混合集货，实现物流资源的集约化，降低物流成本。

（2）物流平准化

当整车厂采用平准化拉动生产时，所对应的供应商零部件订单也是平准的，订单平准化也就意味着零部件需求量是平准化的，进而零部件物流量平准化。因此，平准化物流的前提是生产、订单、货量都是平准的。任何一点的不平准，都会影响物流运输。

如图 2-13 所示，假设每个订单为 $1m^3$，每辆物流车辆最大能够装载 14 个订单的零件，车辆需要去 A、B、C、D 四家供应商集货，每趟循环取货的集货周期在 4h 以内。其中，供应商 A 每天出货 12 个订单，供应商 B 每天出货 24 个订单，供应商 C 每天出货 8 个订单，供应商 D 每天出货 6 个订单，合计 50 个订单。

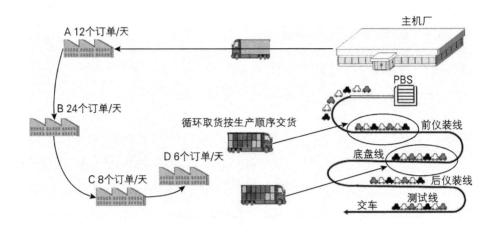

图 2-13 平准化循环取货

每天这条线路需要 4 次循环取货完成该日集货。物流的平准化以生产和订单平准为前提。A 每次取 3 个订单，B 每次取 6 个订单，C 每次取 2 个订单，D 订单方式是 2/1/2/1，因此，每次循环取货装载 12 或 13 个订单，每便的间隔时间也基本一样，这样平准化的积载是最优的，运输车辆投入 1 台即可。如果集货周期时间超过 4h 以上时，需要提早发车时间或者增加一台车辆取货，如图 2-14 所示（一台车是去 1/3 便，另一台车是取 2/4 便）。

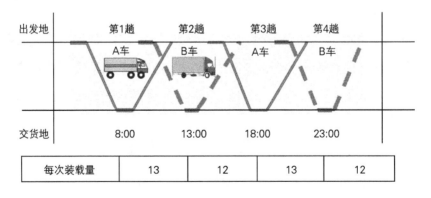

图 2-14 平准化物流示例

2. 远距离供应商的循环取货模式

当零部件供应商在整车厂周边较为集中时，循环取货能够节省物流成本。

对于远距离的供应商，采用循环取货直送整车厂的成本过高，物流风险大。因此，针对远距离供应商，多通过循环取货集货到区域集配中心，再由区域集配中心按整车厂指示送货至整车厂。远距离循环取货模式如图2-15所示。

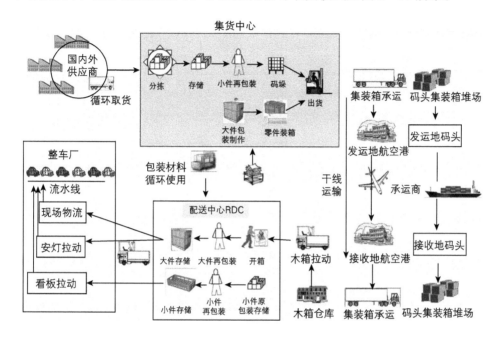

图 2-15 远距离供应商的循环取货物流示意图

远距离循环取货的流程如下：

①零部件物流通过循环取货运输至区域集配中心。在区域集配中心完成入库、拼箱、集箱和出库四个流程。

②整车厂 RDC 仓库将物料需求计划传送到区域集配中心。集配中心进行调度优化，提前一天发布取货计划确认单，确认零部件供应商的备货情况和取货物流服务商的运输能力。经确认后，调度中心当天发布取货执行单，进行循环取货，集中送至区域集配中心。

③区域集配中心执行入库操作，并按集装箱调度指令进行拼箱和发货操作，由集装箱干线物流服务商送至整车厂 RDC 仓库。

④KD 件一般是以集装箱方式，采用船运至国内码头通关后，再送至整车厂

KD库。紧急零部件采用空运方式,其包装方式有木箱、料架、料箱等。KD件送至 Yard 或 KD 库,根据生产需求再进行开箱、换装和送线作业。

3. 循环取货的路线规划

在循环取货入厂物流中运用平准化,需要结合循环取货小批量、多频次特点,对各个零部件供应商的货量进行平准化,并同时满足车辆装载率和交付时间等要求。平准化主要体现了订单的平准化,集货的平准化和零部件接收的平准化。零部件入厂物流平准化的循环取货的规划流程如图2-16所示。

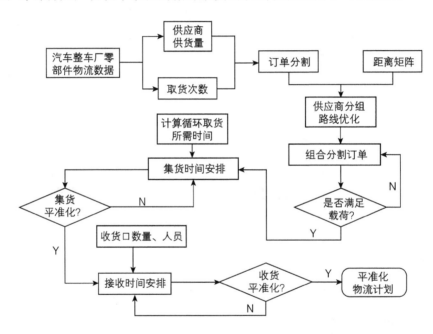

图 2-16 零部件入厂物流平准化的循环取货规划流程

循环取货路线规划的主要步骤如下:

(1) 准备分析数据

循环取货路线规划所需的数据类型主要包括:

①供应商数据包括供应商的详细地址、供应商周边交通概况、零部件供应时间、物流车辆和人员能力、装卸道口信息(如形式、尺寸、照明情况、防雨设施)等。

②零部件数据包括零件清单(含调拨件)、标准包装数量(含每个包装单位的零件数量)、运输包装尺寸(含料箱、料架的长/宽/高)、零件重量(用于约束最大装载重量)、零件约束(含堆放方式、叠放层数)等。

③整车厂信息数据包括月度滚动计划、月/周/日生产计划、卸货区布局、缓冲区存量标准等。

④车辆数据包括飞翼车的尺寸、理论时速、行驶距离等。

(2) 确定循环取货的区域范围

在对供应商的零部件确定是否进行循环取货前,首先确定零部件物流信息。

①根据零部件供应商的分布区域对零部件进行集中分类。

②集中分类的零部件进行排列组合,确定适合循环取货,能够满足整车厂JIT送货要求的零部件清单。

③对不能实现集货配送的零部件通过既定形式发运至整车厂。

在此基础上,根据零部件供应商的工厂或仓库位置区域、仓库租赁成本、交通、劳动力资源,运输路线的车辆配载等条件,综合确定区域集散中心的位置选址。

(3) 循环取货的装载率优化

循环取货运输成本的关键影响因素之一是车辆的装载率和利用率。循环取货的运输车辆资源相对有限,一般对运输车辆的装载率要求是80%以上。只有进行充分的配载,才能使循环取货具有成本优势。车辆配载需要综合考虑生产线零部件的消耗速度、体积重量、包装类型、需求时序、安全库存、车辆装载能力等因素,合理选择车辆规格,设计运输的容量、数量和频度,采用数学规划方法进行零部件的合理组合,以此实现车辆空间利用率最大和运输成本降低。

(4) 装载率的限制条件

汽车零部件的种类规格多,其包装、体积、重量、数量存在差异。货物装载和车辆配载的主要约束分别见表2-3和表2-4。

表2-3 装载、堆栈条件

装载、堆栈条件	容器负载限制(重量、容积)
	制订装载容器
	复数容器自动选择
	容器堆栈方向限制
	物品堆栈顺序限制
	间隔方式物品堆栈限制
	物品上下层关联堆栈限制
	堆栈层数限制
	同尺寸物品互迭限制
	物品安全堆栈条件限制
	装载重心范围限制
	运费计算分析(固定+变动)

表2-4 车辆配载条件

车辆配载条件	指定配送车型(多车型)
	指定配送车辆(多车辆)
	车型、车辆自动选择
	车辆负载限制(重量、容积)
	多仓载多点配送
	仓储装载时间带限制
	用户配送时间带限制
	用户多时段配送时间带指定
	车辆多班次运行限制
	配送、回收作业指定
	配送与回收同时处理
	连续跨日整车运输计划
	运费计算分析(固定+变动)

(5)物流路线的规划方法

多频次、高装载率是循环取货的原则,其优点是可合理分配车辆资源。

①运输车辆数量的确定。主要根据每天循环取货零部件的数量、物流距离和物流分割数进行确定。

②零部件装载量的计算。

③物流运输路线的选择确定。

④卡车装载率计算。

⑤每条路线的频数确定。

⑥物流测试和物流时刻表的确定。

(6)循环取货路线优化

循环取货路线优化的主要内容包括:

①运输路线规则与配送车辆排程。

②取货车辆分配取货的供应商地点。

③取货车辆的堆垛规则。

④供应商取货顺序。

⑤制订取货计划。

通过对不同地区供应商供货量、运输路线、装载量、时间窗口等进行具体的分析,比较现有供应商直接送货费用和集货模式费用的差异,最终确定满足整车厂JIT生产的循环取货计划。

(7)建立区域集配中心

路程距离较远的供应商集中区域可以考虑建立区域集配中心,以区域集配中心为中心,根据各零部件供应商供货频次数量与其所在的位置进行物流测算。对于零部件供应量大且送货频次高的供应商,如果某个供应商的一次订单零部件物流量可装满整车,可采用直送方式送货至区域集散中心。其他的供应商零部件物流均采用循环取货至区域集散中心,具体如图2-17所示。

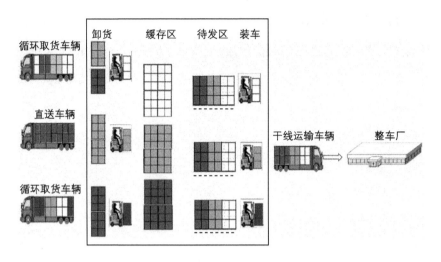

图 2-17　区域集配中心作业模型

4. 循环取货的类型

根据零部件供应商距离整车厂的距离,循环取货可划分为表 2-5 所示不同的物流模式。

表 2-5　循环取货物流模式

厂商分类	物流模式	代表类型	库别
中远距离离岛供应商	零担运输/进区域集配中心(3PL)	距离整车厂 200～2000km 分散供应商	DC
中远距离区域集中供应商	Milk Run 支线取货/送货+进区域集配中心+干线运输	距离整车厂 200～2000km 区域集中供应商	DC
近距离区域集中供应商	Milk Run 支线取货/送货+进区域集配中心+干线运输	距离整车厂 200km 以内的供应商	RDC
货量大且分散供应商	满载直供货	轮胎、排气管	DC/RDC
周边供应商	同步/序列供货	座椅、轮胎	直送线边

对于表2-6所示的中距离，零部件供应商一般采用循环取货模式，如图2-18所示。

表2-6 中距离循环取货的零部件物流信息示例

车间	厂商	部品	料号数	包装容器	取货频率	厂商地址
发动机车间	DL	小钣金	13	塑料容器	2次/天	
	ZD	活塞	2	塑料容器		
	FQ	橡胶管	7	塑料容器		
	FJ	油管/踏板	16	塑料容器/铁质容器		
	YM	标准件	1	塑料容器		
总装车间	DY	灯类	14	塑料容器		
	WD	综合开关	1	塑料容器		
	XR	排挡拉线	2	铁质容器		
	XY	线束类	32	塑料容器		

图2-18 中远距离循环取货示例

而对于表2-7的远距离零部件供应商，一般先循环取货到区域集配中心，再由区域集配中心按整车厂指示配送至DC或RDC，如图2-19所示。

表2-7 远距离循环取货的零部件物流信息示例

厂商	零件	料号数	包装容器	取货频率	厂商地址
YEK	预置型点火模块	2	塑料容器	2次/周	
DEF	喷油嘴、催化转化剂	12	塑料容器		
SZ	温度传感器	5	塑料容器		
DX	排气支管	1	铁制容器		

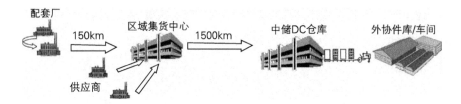

图 2-19 远距离循环取货示例

对于表 2-8 的近距离零部件供应商，周边 200km 以内的零部件供应商采用循环取货直送 RDC，如图 2-20 所示。

表 2-8 近距离循环取货零部件物流信息示例

厂商	车间	零件	料号数	包装容器	厂商地址
HZ	A	活性炭罐	2	塑料容器	
FLA	A	离合器	4	专用塑料容器	
LY	E	标准件	17	塑料容器	
DT	E	波司	15	塑料容器	
HC	A	中央集控器	4	塑料容器	
DJ	A	电源插座、开关等	7	塑料容器	
SFL	A	离合器液压分离接头	4	塑料容器	
JHS	A	RDU	4	铁制容器	
ST	A	气体弹簧	2	塑料容器	

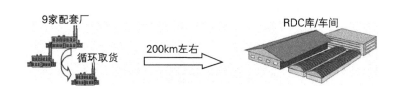

图 2-20 近距离循环取货(1 天 4 次)示例

2.3.3 丰田待机场的物流管理

1. 待机场(Yard)

在丰田生产方式中，物流车将所有供应商的零部件送达整车厂后，并不是直接进行卸货,而是先在工厂外或工厂内的待机场等待。后续根据生产进度依序进行卸货。由于每天会有数百辆挂车到达整车厂卸车,丰田对每辆车都设定了精确的装卸时间和地点。考虑到车辆实际到达会存在一定波动,为了便于车辆管理,在厂外设置集货车辆的专用停车场,称为待机场。

丰田的待机场分为KD件货柜集装箱场与国内件。而国内件待机场又分为牵引车待机场及定时路线待机场。牵引车待机场根据不同路线分区域进行集中管理。大的待机场一般能够容纳上百辆物流车辆的停靠,如图2-21所示。待机厂一般根据车辆运输距离的不同,车辆在待机场的待机时间各不相同,距离远的车辆在待机场的待机时间也相对较长。

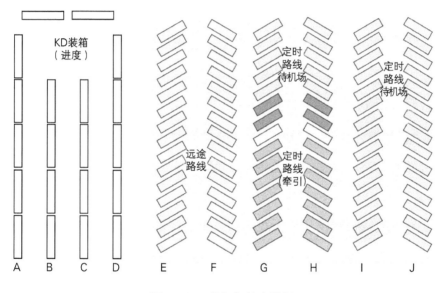

图2-21 待机场的布局图

车辆在途过程中,由于天气、事故、交通堵塞、人为等各种因素导致车辆实际到厂时间会出现不均衡,严重时甚至会造成车辆管理混乱。通过待机场的暂放,可应对物流车辆到厂时间的波动。此外,丰田待机场的功能还包括:

①待机场是吸收到货不平准的缓冲区,保证受入时间的平准化,调整每便之间的间隔时间,使整车厂入厂物流实现JIT。

②待机场是根据生产进度进行货柜搬运、零件开箱或开捆的作业区域。

③待机场是牵引车头与车厢分离和连接的临时置区。

待机场的设置意味物流成本的上升。由于物流车辆是一次性固定投入,车辆在待机场等待属于一种浪费。由于车辆待机时间增加,车辆每次循环时间相应增加。在零部件需求节拍一定的情况下,车辆可循环频次下降,因此必须增加车辆数量的投入,以满足生产的需要。

2. 物流车车头与车身分离作业

为了减少车辆待机时间,丰田采用车头与车身可分离作业方式加以应对。车头与车身的标准统一,这样车头和车身可任意组合。待机场会有大量装载零部件的挂车(丰田称为"实便")集中在此等待卸车。集货司机在待机场完成交付后,立即带走之前已经装完空箱的其他便次的挂车(丰田称为"空便")。

目前,丰田均采用类似的作业模式。所有远距离的物流车辆到达待机场指定车位后,将牵引车头与挂车进行分离。然后根据指示,将待机场内装满空箱的挂车与这个牵引车头连在一起后,离开待机场返回集货地。

而从待机场到收货码头的挂车牵引则由待机场少数的转运司机和周转牵引车头负责完成。周转牵引车头将留在待机场的货物挂车按照计划牵引至工厂卸货区。为了提高周转牵引车头的利用率,周转挂车牵引至工厂卸货区后,牵引车头与挂车再次分离,挂车留在工厂内进行卸货、装空箱作业。周转牵引车头返回待机场牵引其他挂车。周转挂车按计划将货物卸下同时装满空箱后,周转牵引车头会再将装满空箱挂车牵引至待机场。

丰田利用牵引车、挂车分离的方式取消了远距离线路的待机时间,减少车辆投入数量。同时将整车厂的 8h 在库以挂车暂存形式外移至待机场,减少了工厂的内物流面积。而国内其他合资厂目前大都采用建立中储外库方式,增加了库房仓储成本和货物搬运成本。

3. 待机场的操作流程

丰田待机场的操作流程如图2-22所示。

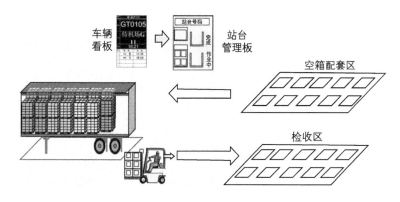

图2-22 待机场作业示意图

①循环取货车辆集货到达整车厂物流门，进入待机场入口。

②送货司机出示该车次的司机集货确认表。

③待机场管理人员根据司机集货确认表的该便号（循环取货路线及该路线的第几次），从车辆卡管理棚取出该便次的双面车辆看板，发放给司机。

车辆看板主要用于停车和装卸作业的指示。具体信息包括到达便名和持回便名、计划到达时间、待机场停车位置、卸货装箱受入口、卸货装箱时间、卡车计划离开时间等。

④系统登录，将到货信息录入系统，确认车辆是否及时到厂，同时用于系统跟踪车辆。

⑤司机根据车辆看板正面的待机场编号，将挂车停放在对应的待机场号，并将此看板放置在挂车的固定位置。

⑥司机将牵引车头与挂车脱离，然后根据车辆看板另一面的待机场编号，找到装有空箱的挂车，连接后出待机场，并将车辆看板交回待机场。待机场管理人员将车辆看板放置在第二天对应位置。

⑦车辆返回后，开始下一次集货。

2.3.4 基于MES系统的JIT批次拉动

传统的汽车制造企业采用生产线边的零部件推动式供给方式。随着小批量、多车型混线生产方式的发展，需要借助ERP系统与MES系统的有机结合，采用JIT生产指示系统，实现精准的拉动式JIT物流模式，实现小批量、多频次的零部件物流供应，使生产线边和整车厂的库存最小化，零部件物流效率最大化。

JIT管理已广泛应用于汽车制造企业的生产与物流管理领域。早在20世纪六七十年代，日本丰田、日产等汽车公司已经通过安灯（Andon）和看板等目视化指示方式实现零部件的JIT物流。JIT物流方式可以在物料库存最小化前提下，实现产品多样化的持续生产。零部件从上道工序准时到达下道工序，并被下道工序迅速加工和转移，从而实现准时制目标。

目前，整车厂大都采用小批量分割的生产方式。例如，丰田采用30台为一个批量进行混线生产。在其零部件配送上线时，最适合此生产方式的物流配送模型是以30台套零部件作为一个物流拉动批次。当生产节拍是1min，则30min拉动一个批次进行零部件上线，这样实现零部件JIT供应。由于部分零件体积大、颜色多，无法一次性将30台套零部件全部配送上线，可以采用厂内JIS同步配送方式加以解决。

随着计算机和信息技术的发展，JIT物流实时拉动式信息系统逐渐发展起来，为了达到拉动式JIT供给目标，通过MES系统与ERP系统库存数据进行信息关联。依据ERP系统的生产计划，MES系统根据生产实时进度，计算零部件的JIT供应指示信息，生成相应的JIT配送指示票据。同时在生产过程中，利用MES对成品车合格下线信息进行实时监控，通过系统驱动拉动式JIT批次配送的进行。基于ERP/MES系统的零部件JIT同步拉动系统流程如图2-23所示。

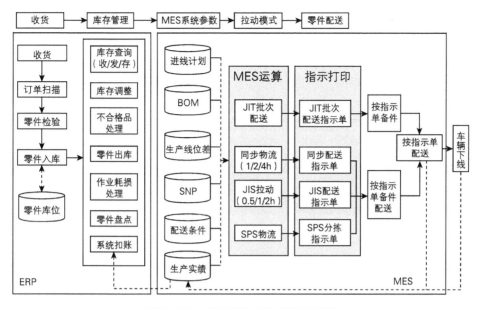

图 2-23 JIT 同步拉动系统流程图

MES 根据 ERP 系统中的主生产计划生成周生产计划或更精确的 3 日生产滚动计划，并且将该生产计划按批次划分，然后根据 ERP 系统中 BOM 信息，将生产计划转换为零部件需求计划，将 30 台车的生产计划转换为 30 台车的零部件需求。在此基础上，MES 根据零部件在生产线的上线点、工程指示深度和物流包装信息，计算出要配送的批次数量，以及每个批次的零部件要配送的箱数或台车数量，系统生成如图 2-24 所示的批次配送指示票。

计划代码	A1-99	供给车间	A1
零件代码	KL003	零件号	7XXXXXXACSXXXXXX
零件名称		后视镜	
物流车次	2	箱数	6
日期	2017-02-23	包装数	20
时间	0900	码头	A03
库位	DM01-22	料位	S01A-033
备注			

JIT 批次配送指示牌
4/20

KL003201702230004

图 2-24 JIT 批次配送作业票

JIT批次配送指示票包括供件车间、计划代码、零件代码、零件名称、零件简码、容器数量、SNP、物流批次、库位、使用工位、配送日期、配送路线等信息。其中关键的是物流批次号与该批次的需求数量,在输入一定运算条件后,MES可以自动生成。

2.3.5 厂外顺引技术(JIS)

1. 对顺引物流的理解

汽车制造企业特别是乘用车生产企业,因其车型多、批量少的市场特点,同时为了节约厂房空间,并保证生产平准化和均衡化,总装车间大多采用混线生产模式,即同一条生产线同时生产多种车型,或者同一款车型的不同配置。因此,总装生产线的专用零部件比例较高,这就给汽车零部件物流带来新的挑战。生产线每个工位旁的零部件规格需要与总装生产线上的车型保持一致,因此要求零部件物流实现精准供应,顺引物流方式应运产生,即零部件进行排序后配送到生产线边。

顺引零部件的来源包括零部件供应商的工厂、供应商的VMI仓库、整车厂的零部件仓库、第三方物流的仓库等。通过对顺引零部件的库存管理、上线排序操作、线边最小缓存、同步拉动配送等环节的精益管理,实现最小库存水平下的精准、快速零部件同步供应模式。

顺引物流可以从生产节拍、工程深度与定量定时拉动等概念加以深入理解。

(1)顺引零部件的选取原则

①体积大。

②重量大。

③种类或颜色类型多。

④供应商或其中转仓库、配送中心距离汽车公司近。

⑤供应商具备顺引应对能力。

⑥质量合格率达标。

⑦同一种零部件多家供货。

(2) 生产节拍 T/T

生产节拍反映汽车流水生产线的生产速度，节拍的含义就是每两辆车下线的间隔时间。也可以认为是车辆在生产线上从第 N 个工位到第 $N+1$ 个工位所花费的时间。

(3) 工程深度

每个工位都被看作一个点，生产线的车辆下线点被称作为 Line Off (L/O)，或称为 Roll Off (R/O)。这个点被看作第 0 个点。以此点为起点向后推，倒数第一个安装零部件工位的工程深度是 1，倒数第二个安装工位的工程深度是 2，以此类推。

(4) 定量不定时(当生产无异常时即为定量定时的拉动)

在空车身从涂装车间 PBS 区到达总装生产线上线点，开始装配到车辆下线这一过程中，假设经过安装工位数量为 N，生产节拍 T/T 是 2min，零部件物流一次性供应 10 台车辆所需的零部件。由于车辆在总装生产线上时间为 $T=N \times T/T$，根据 JIT 的要求，每次物流供应时间必须控制在 20min 以内，否则生产线存在缺件停线的风险。

顺引物流的流程包括发出订单、接收订单、备货、装车、车辆运输、卸货、运至生产线等。如果从发出订单到运至生产线需要 1h，当生产节拍为 2min，则每小时下线数量为 30 台，顺引零件的总装生产工位需要设定 30 台份的零部件最小库存。在整车厂内规划顺引台车等待区，根据安灯系统指示进行实空台车交换，并搬运至总装线边，具体如图 2-25 所示。

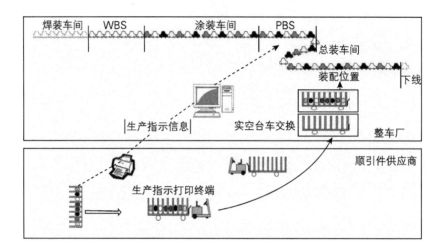

图 2-25 顺引物流运作模式图

顺引物流的主要优点包括：

（1）降低零部件物流与库存面积

在丰田，顺引之外的零部件在整车厂都有一定的在库量（主要放置在 P 链和待机场），这部分在库被称为安全在库。由于顺引零部件的供应商位于整车厂周边，基本不存在堵车等状况，因此顺引零部件不需设定安全在库。顺引零部件根据车型比例进行配送。如果生产的车型比例发生变化，进入整车厂的零部件也随之变化。

（2）节省生产线边的面积

为了保证生产连续，在生产线边的每个工位旁都会放置一定数量的零部件，即线边安全库存。零部件放置采用多个货架或专用器具。而顺引物流的零部件是按照总装生产的车序进行交货，生产线边仅需 1 个货架用于零件放置，节省放置货架的面积。

（3）防止零件装配出错

总装的零部件存在大量颜色件、左右件和选配件，不易识别。在零部件拣选和车辆组装过程中，存在拿错零部件的风险，易产生质量问题。顺引可以有效防止类错误的发生。

（4）节省人工和设备

顺引物流是直接将根据车辆顺序排列好的零部件供应到生产线边，避免了在物流区进行分类拣选环节。因此，顺引物流减少了工厂内物流的环节，相应减少了物流作业人员和叉车、牵引车、供给台车等物流设备。

（5）响应时效性强

零部件物流对生产状况的响应速度越快越好。如果生产线发生异常停线，零部件物流需要具有相应的调整控制能力，否则会造成零部件在物流区的大量积压，导致成本浪费。顺引物流具有较强的实时性。如果生产线异常停止，订单就不会发给顺引供应商，供应商也不会发货。在整车厂内最多会有一辆车的零部件积压。

顺引物流的不足主要包括：

（1）供应商地理位置限制

采用顺引物流的供应商必须在整车厂的周边，物流车的在途时间一般是固定的。总装生产线的车序只有从涂装车间到达总装车间上线点后才会固定。假设总装生产线满线搭载120台车，生产节拍是2min，顺引零件A在第38工程指示深度安装，每台顺引车辆能够配送30台份的零部件，那么当第90～120工程指示深度有过点车辆时，CCR系统将把第90～120工程指示深度所对应30台份零部件信息发给供应商，第90工程指示深度的车身到达第38工程位指示深度的工位深度差为62，即第90工程深度的车辆达到零件A的安装工位（第38工程指示深度）还需104min。因此，顺引零件A的供应商在接到订单后，必须在104min内将第90～120工程指示深度所对应30台份零部件按总装车序送至到零件上线安装工位。因此，顺引物流的时间限制要求顺引供应商必须在整车厂的周边。

（2）工厂物流车位限制

每个种类的顺引零部件必须对应一个单独的车位以便卸货。顺引物流属于定量定时的物流方式。定时交货方式意味车位和卸货码头必须是专有，否则顺引车辆到达工厂后，有可能出现卸货车位被占用而导致卸货延迟的情况。顺引零部件本身的性质要求必须在计划时间内到达生产线，任何延迟都会直接导致零部件供应延迟，进而导致总装生产停线，所以每个种类的顺引零部件必须有独立的车位。由于工厂车位数量有限，顺引的零部件种类很少，一般只包括发动机、变速器、座椅、保险杠、轮胎、前端框架总成、玻璃升降器等10余个大物种类的零部件。

综上所述，顺引物流已被实践证明是一种有效提高生产、物流与采购供应效率的手段，可以实现库存成本的大幅下降和提升生产现场管理的水平。此外，顺引物流也存在客观条件的限制。由于顺引零部件仅在整车厂线边设有最小的安全库存量，为了保证准时供货，供应商必须严格满足整车厂的零部件供应要求，就近选择厂址、零部件按序排列、严格管控零部件品质和适度库存，以应对整车厂生产变化的调整。

2. 基于第三方物流的JIS物流

目前，很多企业的区域集货中心已经被外包给第三方物流服务商进行专业管理。有些甚至就是在生产布局规划期就由第三方物流负责规划再配送中心（RDC）。RDC也称排序库、排序中心、VMI库等。第三方物流不仅具备仓库（如DC）、物流运输设备（如叉车、车辆等）、仓储设备（如立体仓库等）等硬件资源，还具备专业化的操作运营团队。对汽车制造企业的零部件物流而言，由第三方物流参与顺引物流是一种可行方案。

这种方案主要由第三方物流服务商提供顺引零部件的仓储管理、排序包装、生产现场配送等物流服务，而零部件供应商负责排序供货，整车厂在生产线实行排序生产。第三方物流在零部件排序上线的过程中，起到承上启下的节点作用。从第三方物流的角度，第三方物流服务商、整车厂和零部件供应商3个合作主体构建顺引物流模式时，需要重点考虑以下因素。

（1）排序信息的发布

顺引零部件的排序信息是由整车厂发布的，这种排序信息会通过网络和

SCM 系统进行发布。在 JIS 运用较为广泛的汽车整车装配领域，这种排序信息发布方式被命名为 JIS Call。

零部件供应商和第三方物流能够顺引的前提条件是车序信息和必要的前置期时间。涂装车间车身颜色根据客户订单确定的，总装车间装配顺序由各车型均衡生产的规则确定。整车车身码在焊装车间车身形成时确定，总装车间装配顺序在涂装下线到 PBS 存储区时由控制中心排定平准化进线顺序时确定。因此，供应商和配送中心可以根据 PBS 进线车序信息作为顺引物流指示。

为了能够及时、有效地指示物流的拉动，排序信息和生产计划的发布是关键要素。排序信息首先发送给零部件供应商，但总装的生产计划也需要兼顾第三方物流。合理的生产计划可以帮助第三方物流提前配置车辆及人力资源，提高排序过程的可靠性。通过根据生产计划，零部件供应商可以判断自身库存是否符合未来的排序需求，提醒供应商注意库存过低等不正常的库存状态。

(2) 供应商补货信息的发布

零部件供应商在排序管理模式下，可以采用 VMI 的形式满足整车厂未来生产计划的零部件需求。VMI 自主管理库存要求既不能造成整车厂生产停线待料，也要保证 VMI 中心库存不至太高，优化控制库存成本。在 JIS 模式下，库存量首先要保证整车厂生产的顺畅，同时关系到第三方物流的成本，避免库存过高造成溢库。如果以往没有明确约定溢库成本责任划分，就可能造成物流服务方和零部件供应商之间的纠纷，影响三方的长期合作。

因此，补货时机、补货的品种和数量、现有库存对生产计划的满足周期等信息，都是需要在零部件供应商和第三方物流服务商之间充分沟通和分享的。如果这种信息不能得到有效沟通，那么库存管理可能出现失控的风险。

3. JIS 系统的流程设计

顺引物流的拉动需要根据整车 BOM 和总装上线序列，将同一种零部件进行归类合计后，发出拉动需求。总装车辆生产进线顺序和顺引信息是由整车厂 MES 控制和发布。顺引零件需求信息会在运搬前置时间前发布给零部件供应商或第三方物流。这样，保证顺引供应商能够在指定的交货提前期进行备料和排序送货。根据 JIS 拉动的主要特点，JIS 系统流程如图 2-26 所示。

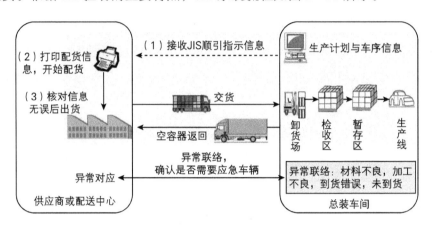

图 2-26　顺引物流的信息流示意图

①空车身信息控制点前仪装上线（T/I）点收集上线信息，如信息深度不足时，则采用 PBS 出口点（L/S）。

②系统将排序信息实时发布给供应商和供应商信息平台。供应商可以根据排序信息进行同步备料。

③当满足发布条件后，系统将排序要货单发布给供应商和供应商信息平台。

④供应商在发运前需要进行发运反馈（发运或拒绝）。如果拒绝，系统需要向有关的操作人员报警。可发运的则将排序单贴在排序料架上。

⑤供应商将排序好的零部件送到仓库道口。

⑥收货人员扫描相应的单证，零部件入库，收货信息（零件收货信息、料箱料架收货信息等）进入系统。

与排序零件拉动相关的 MES 功能主要包括：

①现场生产信息跟踪功能。

②排序拉动跟踪控制功能。

③需有上下游的 BOM 传输功能。

④供应商信息平台集成。

⑤WMS 集成。

2.3.6 供应商 E-看板拉动技术

看板供货是精益生产物流的重要体现方式之一。其原理是将看板作为物流供货指示的唯一情报。具体运作过程是后工程所需要的零部件和看板一一对应，当一部分零部件被使用后，所对应的看板就被取下，并当做生产指示发送给前工程，而前工程只有接收到看板后才能组织生产，向后工程供应看板对应的必要零部件。在此过程中，看板起到了控制零部件生产和流动的作用，看板发出的时间就是前工程供货时间，看板上所表示信息就是所需要零部件种类和数量。在实际应用中，看板还能指示更多的物流指示信息，例如零部件存放位置、看板的循环周期、看板在前后工程循环的周期等。

随着信息化发展，为了降低看板循环所花费周期，提高供应商和工厂之间生产计划反映效率，给供应商发行用的传统看板逐渐变化为由 E-看板系统发行的一次性电子看板，并通过网络直接将看板发送给供应商。但不管是传统看板还是电子看板，看板的主要作用只有两种：一是物流看板，用于指示向谁供货，在什么时间，供应多少零部件；二是生产看板，指示需要生产多少零部件。

1. 供应商看板拉动流程

传统的看板供货是后补充式的供应方式。其具体的含义是，首先需要在自工程设定一定的零部件在库作为前提条件，当自工程的在库被消耗后，再利用看板将所减少的在库补充。这种形式的供货需求依供货周期在生产线侧设定一定的在库量。

供应商领取的看板为外部订货看板，用于供应商与工厂之间的物料拉动。

在 ERP 系统中，则是通过 MRP 计算转换为采购订单，供应商根据采购订单进行供货。看板拉动是以库存的消耗作为采购信息，通知供应商进行送货。传统供应商看板的拉动流程如下：

①用完物料将看板放到看板回收盒。当物料被生产线员工使用时，看板从物料盒投入到看板回收箱。

②回收空看板。水蜘蛛⊖按固定回收周期到生产线回收看板卡。

③生成订货信息。回收的空看板可以放置在看板分拣室或固定区域内，然后由设备或人工按照供应商类别进行分拣，接着读取看板生成采购清单，最后将看板、采购清单和标签一起放到供应商看板箱中。

运行供应商看板拉动之前，需要和供应商确定主要拉动规则：

①供应商送货频率。

②每周提供销售预测数据，以便供应商进行生产准备和备货。

③采用看板信息作为送货信号。

④紧急订单的加急处理流程。

⑤因看板而产生的溢出库存处理流程。

⑥物料的包装方式和运输方式。

在供应商看板中，信息的准确性和及时性对物料拉动的作用至关重要，信息不准确和不及时将在供应链不断放大，最后生产出很多不需要的物品，而想要的物品却没有及时生产。另外，信息是源头。在源头就出现错误，后面做得再好也没有用。采购订货信息是供应商确定计划的依据。如果信息不准确且经常变动，会造成供应商无所适从。

2．E-看板

E-看板是电子化的看板系统。E-看板简化了传统看板的操作过程。传统看

⊖ 水蜘蛛是指生产线上专门从事生产看板、物料准备和传递的人员。这些人员在配料区、产线超市之间来回快速的运动，确保在恰当的时间提供恰当的物料，达到供料及时且数量准确，由于作业方式犹如飘在水上的蜘蛛，行动快速而被昵称为"水蜘蛛"。

板需要供应商带回,用以传递物料需求信息。对于运输距离较远的供应商,将看板带回的时间较长,存在看板丢失、时间延迟等问题。当时间延迟严重时,将会影响到正常的拉动生产过程。采用 E-看板后,将看板信息直接发送给供应商,既能减少带回过程中的遗失问题,还能加快信息处理速度,消除远途供应商的时间迟延问题。

目前,汽车整车厂大多采用 E-看板系统进行零部件拉动。E-看板的运行方式如图 2-27 所示。整车厂通过供应商平台将周/日计划以 E-看板形式下单到供应商。由供应商自行打印如图 2-28 所示的看板交货标签。根据打印的看板交货标签到集货区领取物料。因此,E-看板是供应商的指示看板。其运用方式与传统的看板供货方式最大不同在于生产线边所需要的零件数量是通过系统提前计算确定的。E-看板是根据 MES 的生产计划,计算出未来生产所需要的零部件种类和数量,同时结合从前工程到达后工程所需要的 MES 工程指示深度和供货周期,确定零部件的同步拉动数量和时间,保证及时准确地将零部件供应到生产线上。

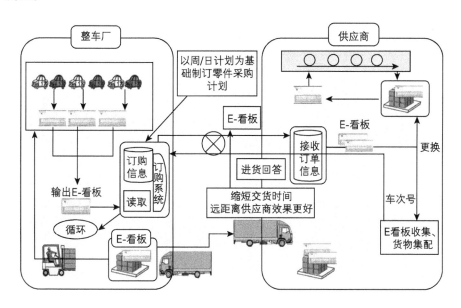

图 2-27 E-看板运作流程

厂商 （代码）	江西KC （5101）	订单号	20170306009	受入时间	0900
				便次号	GT21-02
件号		90XXX1-55XX3		件号代码	005
件名		左轮罩外板			
包装代码	T1730	SNP	50	收货码头	A01
管理号		90XXX1-55XX3-001 (条形码)			
料位	T1R-0603		链号-分割线		PL04-08
序号	02/16	XX公司交货标签	分割连出发时间		11:00

图 2-28　E-看板系统输出的交货看板标签

通过 E-看板系统还可以及时查询相关历史数据，如物料库存水平、物料需求平稳化情况、物料变异因素、供应商交货情况、延期交货记录等信息。这些信息为生产物流的进一步优化提供数据支持。

第3章 汽车零部件厂内物流

汽车零部件厂外物流与厂内物流以整车厂受入码头为分界点。零部件厂内物流是从整车厂受入码头运送到 SPS 区和生产线的零部件物流。总装车间是最终进行整车装配的车间，总装零部件物流涉及 1000 多种主要零件。厂内物流不仅包括零部件在厂内流动进行管理，还包括零部件的直送、循环取货和 JIS 供应，多种物流模式并存。不同零部件供应商的标准容器、运送方式和平准化物流水平存在差异。因此，汽车总装的厂内物流相对最为复杂。

3.1 整车厂总装上线物流模式

总装上线物流包括推式、拉式和推拉结合三种模式。

（1）推式物流模式

推式物流模式是指根据周/日生产计划或日排产计划，计算总装生产线上各零部件上线点（线边零件的料架位置）在一段时间内的需求量，按照一定的物流节奏将零部件送到线边，投送到相应的位置上。

推式物流模式根据计划进行零部件供应。生产线存在影响零部件正常供应的各种异常因素。例如，当生产线出现异常停线或部分停线时，线边会出现零部件溢出的情况。因此，推式物流模式对生产现场和生产运营部门的管理水平要求较高。生产相关部门必须要求做到以下两点：第一是生产计划一旦确定

（一般是在前一天下班前确定第二天的排产计划）就不能更改；第二是要求生产线保证平稳运行。

（2）拉式物流模式

拉式物流模式由丰田首先提出并加以实践。其目的主要是实现JIT及时送货。推式物流模式存在及时性和准确性的不足。要实现JIT送货就需要将零部件的消耗情况实时反馈给物流部门，这样物流部门才能进行精确投料，将适当的零件在适当的时间送到适当的地点。拉式物流模式不仅可以适用于生产多变的情况，实现物流的柔性，还可以减少安全库存，降低库存成本。

丰田最先采用物料看板的方式来进行物流拉动。在每个线边的料架上都有一个零件看板，线边工人取用料架内的零部件后，将零件看板移出至物流看板收集箱。物流人员会定期巡视物料看板收集箱，把使用过的物料看板信息收集，用于指示仓库进行备料，再将对应的零部件送到线边，从而实现零部件的物流拉动。

随着信息技术进步，传统看板的信息收集工作已有信息系统所取代。由MES系统通过条码扫描、E-看板、物料Andon等方法对零部件需求信息进行及时收集，实时指示仓库备货区或零部件供应商，进行零部件的JIT备货和配送。

（3）混合物流模式

目前，汽车行业的总装上线物流已获得极大的发展，并不是单一运用推式或拉式物流模式，而是多种模式混合体。例如，对于标准件，通过ERP系统计算出零部件需求数量，采用推式物流模式。而针对标准件以外的零部件，厂内物流则采用拉式物流模式，如顺引、顺建等。在整车厂内建立物流中转功能区域，用于暂存零部件。生产线在需要的时间从仓库、零部件供应商和第三方物流引取所需的零部件，实现与厂外物流的无缝对接。

这种引取方式的物流，不仅对汽车生产企业，同时还对零部件供应商、物流服务商提出极高的要求。当零部件在生产或物流任意一个环节发生问题及故障,就影响到整个系统的运行,甚至可能导致生产线停线,因此整车厂在厂内设有待机场,物流搬运车会提前到达待机场,再根据指定时间送至线边。待机场的设立可以对送料延迟或过早送料具有一定缓冲的作用。

3.2 丰田式的零部件厂内物流模式

3.2.1 丰田厂内物流模式

丰田厂内物流根据运作模式一般可分为两种。第一种是工厂内供给物流。这种物流模式是从物流功能上进行划分,一般主要分为如图3-1所示的功能区域。

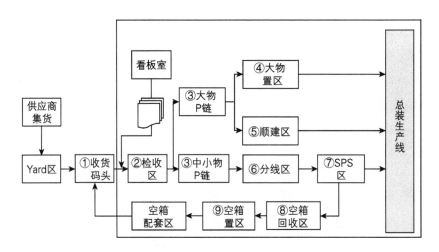

图3-1 丰田厂内物流运用模式

(1)收货码头

零部件物流车辆到达整车厂后,将车上的零部件卸货,卸完货后再到空箱返空码头装上对应供应商的空箱。物流车辆在工厂内的停靠时间由固定时间和可变时间组成。固定时间是指物流车辆的所有标准作业时间,如停车、熄火、司机下车、打开飞翼等。可变时间是指卸货和装载空箱的时间。卸货时间和装载空箱的时间分别与货量、空箱数量有关，而货量和空箱是每月变动的，因此这段时间属于可变时间。丰田采用月计划平准化的方式，在外物流设定时，每次物流车辆装载量基本是一致的，同时收货作业工时也是固定的。对于同一个月内的同一条线路，物流车辆在卸货区停靠的车位和停留时间都是一样的。因此，可以采用到货时间窗进行外物流的平准化管理。图3-2所示是某整车厂4个收货码头的到货时间窗设定。

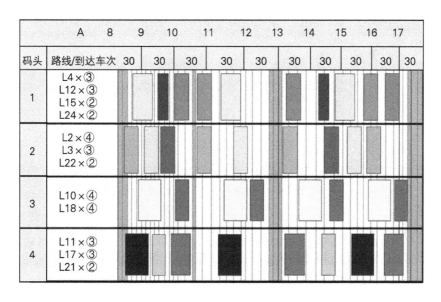

图3-2　物流车辆的到货时间窗

（2）检收区

物流检收人员对零部件进行数量、外观和包装核对。核对一般是以料箱和料架为单位。核对人员根据手中订单上零部件订单箱数，对实际到货数量进行扫描核对。每天到货明细都储存在扫描枪里，采用扫描枪对货箱上标签进行扫描。如果出现到货不足或到货过量，扫描枪会自动报警。由于作业人员扫描标签的时间相对固定，每辆货车每月的到货量是一定的，因此每车次货量的检收时间也是相对固定的。

（3）进度吸收链（大物与中小物）

进度吸收链是按照总装生产线的平准化生产进度放置零部件的物流区域。

每一链设有固定的台数。当整车厂生产节拍接近1min下线1台车辆时，一般将0.5h的货量设为一链，摆放20或30台汽车装配所需要的零部件。每0.5h流动一个单位链。每一链设定20或30台的原因在于零部件SNP一般是4/5的倍数，这样设定比较容易组成1个托盘或料架包装货量的倍数。在P链的应用中，一般将中小物料箱和大物料架划分为两个不同的P链区域。

P链零部件出链后，需要根据生产线需求和零部件属性对P链零部件进行拣选分类，进行相应处理后分别进入大物置区、顺建区和分线区。

（4）大物置区

采用料架和其他较大盛具的零部件一般划分为大物。由于包装作业人员自身无法搬动大物零部件，只能使用专用料架向生产线进行大物供应。大物的出链作业相对简单，料架一般是根据每个零部件的形状定制，每个料架上通常放置同一规格零件。大物出链后，进入相应的大物置区。

（5）中小物分线区

料箱包装方式的零部件被归为中小物。相对于大物，中小物出链后的操作流程较为复杂。中小物零部件入链时是以货垛为单位的。在一个货垛中存在对应多个不同生产线区域的零部件。如果物流作业人员直接将货垛供应到生产线，则物流距离和物流时间过长，物流效率低，这对总装高节拍生产而言是不现实的。因此，针对小物零件的特点设计增加分线区。

分线区的作用是先根据生产线线别划分为几个大的区域。中小物P链出链后进入中小物分线区。将出链零部件的货垛拆分，分别按对应区域将零部件放入料架。物流人员在料架的另一侧将生产线同一个区域的零件取出后，放置在同一趟牵引车上。在此区域进行分线作业后，将零件和零件箱一同牵引至SPS区或生产线边，将零件连同零件箱投放至零件料架上。这样同一趟牵引车上的零部件都位于同一区域，物流作业效率提高。

为了确保每个流程的一致性，每个环节的作业时间要求必须保持一致。如果出链时间为38min/链，那么将一链零部件投入料架的时间、从料架上取出一链零部件时间、供应一链零部件到生产线边的时间都要控制在 38 min。每个环节的物流节拍保持一致，才能实现整体物流的顺畅，不会出现局部环节的零部件积压，同时也不会出现某个环节零部件供应不足。

（6）顺建区

在整车厂内进行 JIS 排序送线的零件称为顺建，顺建区可以设在 RDC 库或直送生产线边的大物置区进行排序。

大物置区、顺建区、分线区都划分为实空两组区域，每组区域能够放置一链的零部件。生产正常的情况下，两组零部件料架的状态是一满一空。满的料架对应供应人员，空的料架则对应零部件出链。两组料架状态循环变动。

（7）SPS 区

SPS 区是中小物零部件的台套拣配区。一般包括前仪装、仪表分装线、发动机变速器合线线、底盘线、车门分装线、后仪装等 SPS 区。

（8）空箱整理区

SPS 区和生产线使用完零件后，会将空箱放置相应生产线边的空箱料架上。物流供应人员在将零件投放到零件料架的同时，会将空箱料架上的空箱返回到空箱整理场。空箱整理场的主要功能是将生产线返回的空箱按照厂家进行分类，零件箱和料架上一般都标记有所属供应商的名称和编号。空箱整理人员在空箱整理区将同一供应商的空箱与托盘进行捆包后，放置到相应的空箱置区。

（9）返空置区

整理好的空箱放置于返空置区。空箱置区的作用是对应外物流和生产异常的一个缓冲区域。当外物流车辆晚点时，空箱置区能够收容一定数量的生产线返回空箱。当生产异常停止没有空箱从生产线返回时，物流车辆卸完零件之后可以将空箱置区的在库空箱带回供应商。避免物流车辆空车运行，浪费物流成本。

3.2.2 丰田 P 链

P 链即进度吸收分割链，是丰田平准化物流的重要技术之一。P 链位于厂内物流和厂外物流的交接位置，是根据生产时间和平准化生产台数划分的一个物流缓冲区域。P 链由一组长方形区域组成，区域内被划分为等距离分割链，某整车厂 P 链如图 3-3 所示。检收后的零部件根据物流进货时间点平行放置在各链暂存区。P 链对平准化物流具有非常重要的作用。P 链的主要目的是完成物流的分割和物流进度吸收，提高物流配送效率，节省人员和物流面积。

图 3-3 P 链示意图

1. P 链的计划逻辑

P 链的物流分割实现了 JIT 物流所要求的小批量、多频次循环供应。P 链首先是根据整车厂每日生产计划的车型和数量，将每日的零部件订单分割成多个小批量订单，进行零部件小批量供应。丰田能够做到月度的平准化生产计划，月计划原则上每月只计算一次，确定以后不变动。物流相应也同步进行平准化的分割和交货。

（1）丰田月度平准化生产计划的制订步骤

①生产计划部门从销售部门接收到下月的销售信息和第 3 个月的预测计划，结合现有成品车库存，制订下月和第 3 个月的生产计划，下月的计划为固

定，第3个月是准计划。

②根据车型混线原则，把各车型的生产比例进行平准化至每日生产计划内。

③将日计划导入高级排程系统中，确定日计划的生产顺序。

在后续生产过程中，将按日生产计划的预定序列从车身车间排产上线。月计划的预定与实际的误差精度一般是控制在10%以内。

（2）订单号与P链号关系

①每个订单号的物料在搬入P链时放置在对应P链链号的区域中。

②每一链的物料原则上严格对应生产线日计划每一分割链（如1/24分割）的生产台数。

（3）采购订单分割与订单计算方法

①根据生产规模大小设定分割链的数量，将上述生成的日预定生产计划按24、32或36进行平均分割。表3-1是分割链设定数、生产台数与每链的拉动时间表。

表3-1 不同分割链数的拉动时间表

收货进度吸收链分割数	24	32	36
台/链	20	20	20
日产量（台）	480	640	720
月产量（台）	12 000	16 000	18 000
有效作业时间（min）	920	920	920
T/T（min）	1.9	1.4	1.27
链拉动时间（min）	38	28	25

由于生产计划已经进行平准化，每一个分割链的零部件需求量（如20台/链）基本上是一致的。因此外物流的物流量基本实现平准化。采用不同分割系统数（24/32/36）的P链订单分割见表3-2。

表 3-2　P 链订单分割系数表

24 链订单分割方法		32 链订单分割方法		36 链订单分割方法	
订单货物体积	订单数	订单货物体积	订单数	订单货物体积	订单数
$0\sim1m^3$	1	$0\sim1m^3$	1	$0\sim1m^3$	1
$1\sim2m^3$	2	$1\sim2m^3$	2	$1\sim2m^3$	2
$2\sim3m^3$	3	$2\sim4m^3$	4	$2\sim3m^3$	3
$3\sim4m^3$	4	$4\sim8m^3$	8	$3\sim4m^3$	4
$4\sim6m^3$	6	$8\sim16m^3$	16	$4\sim6m^3$	6
$6\sim8m^3$	8	$16m^3$ 以上	32	$6\sim9m^3$	9
$8\sim12m^3$	12			$9\sim12m^3$	12
$12m^3$ 以上	24			$12\sim18m^3$	18
				$18m^3$ 以上	36

②订单与外物流结合的方法是采用订单号下单管控。

③因为有了日预定生产顺序，所以基于时序的物料需求量也可以计算出来。因为每日的车辆顺序已经进行了平准，确保了订单分割后物流量的平准。由于丰田主要采用 $1.2m\times0.8m$ 规格的标准托盘，零部件堆码高度一般限制在 $1m$，托盘净高 $0.15m$，单位托盘的体积为 $1.2m\times0.8m\times1.15m\approx1m^3$，每一个订单的基准货量是按单位托盘的体积计算，即 $1m^3$。一般物流车辆的车厢高度是 $2.5m$，托盘可上下堆放两层。

(4) 订单计算逻辑方法

①固定日计划，并将物料平准至每天的分割链（分割进度数）。

根据堆垛条件：a. 物料体积 $\leq1m^3$；b. 单一供应商日供货体积，可确定每个订单的分割系数，订单分割系数一般采用 1、2、3、4、6、8、12、24 等。在托盘打包完毕后，打印货垛标签和零部件标签。

②根据供应商的距离及日供货体积，将 N 家供应商划分为 M 条线路。

③计算该线路日供货体积、车辆体积和装载率，确定取货次数。

④根据取货次数，计算供应商每次取货的订单数，打印该供应商的供货清单。

⑤根据日到货车辆数,合理安排车辆到货时间。

⑥系统每月计算一次,如有生产计划调整,物流计划相应调整一次。

假设整车厂某种车型的日产量为480台。P链设定为24链,则各条链上的订单数量为20台份。由于实施平准化生产,则每链进度正常时,对应的时间一样,每链摆放的零部件也近乎完全相同。当每车次对应P链大于$1m^3$时,可以分割成若干订单,日取货车次数以1、2、3、4、6、8、12、24分割,平准化地放在不同的P链。例如,在表3-3中,循环取货路线A中的8家供应商每天各有24个订单,物流取货车次数为8次,每一次装载3个订单。当第1次车辆到达整车厂后,装载第1个订单的物流车进入1号链;装载第2个订单的物流车进入2号链,装载第3个订单的物流车进入3号链。

表3-3　不同线路供应商取货车次数及对应P链数

循环取货线路	供应商数	日取货次数	每次对应P链数
A	8	8	3批链/次
B	5	4	6批链/次
C	3	2	12批链/次
D	2	1	24批链/次

P链收货方式如图3-4所示。链号对应订单号,即所有看板指示是01订单的都放置在1号链,所有看板指示是02订单的都放置在2号链,P链将生产线一天内所需全部零部件进行分割后,根据生产线的生产进度进行零部件拉动供应。这样,P链实现根据订单的数量进行分割交货或排队。P链中的零部件按供应商类别进行分割交货,每个厂家订单的零部件根据订单号进入相应P链后,需要转换成以生产线别或SPS区线别顺序分拣,这个整理场所称为分流区。分割精度越高,则每个P链的零部件越少,分类工作量和分流区面积越小,分流区循环使用的频率越高。在此区域,零部件进行最基础的分类,即按照生产线别重新整理。

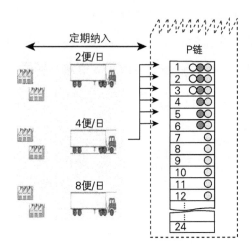

图 3-4 丰田 P 链收货方式

P 链零部件的引取以托为单位，一般是根据进度指示安灯或电子进度看板的指示顺序，采用牵引车送到出发链。正常情况下，进度链及其后若干链的零部件是齐全的，其他多数链都处于逐渐到货状态。

采用 P 链的厂内物流时间包括进出 Yard 时间、卸货检收时间、出入链时间、出链分线和上线时间，厂内物流最小 L/T 时间一般为 3~4h。

特别需要说明的是，为了节省 P 链的放置面积，丰田采用一种特殊的虚拟序列链（Virtual Line）进行 P 链运作。虚拟序列链也是一种平准化条件下的生产序列。由于 P 链的接收是由前往后逐链放置，大部分零部件开始时放置集中于一侧，而另一侧是空的，随着生产台数的增加，理论上 P 链的放置面积也应同步增加。假设日产量 480 台时，P 链采用 24 链。当日产量提升提至 720 台时，P 链一般采用 36 链。但为降低零部件库存和物流面积，可以采用虚拟序列链，即采用 24 链来运作 36 链的收货。这时，P 链的分割进度数大于实际运作的 P 链数（36＞24），增加的 12 链采用虚拟序列链收货，其具体运作方式如下：

采用如图 3-5 所示的三面指示转动看板进行单向循环。第一次的收货看板是 1~24 链的看板；第二次翻转的收货看板是 25~12 链看板；第三次的翻转收货看板是 13~36 链看板。假设每日有效工时是 920min，则每日翻转 3 次，每间隔 613min（920/36×24=613）翻转一次。

图 3-5　三面指示转动看板

三面指示转动看板的翻转表见表 3-4。

表 3-4　三面指示转动看板的翻转表

第一面	1	2	3	4	5	6	7	8	9	10	11	12	13	14	15	16	17	18	19	20	21	22	23	24
第二面	25	26	27	28	29	30	31	32	33	34	35	36	1	2	3	4	5	6	7	8	9	10	11	12
第三面	13	14	15	16	17	18	19	20	21	22	23	24	25	26	27	28	29	30	31	32	33	34	35	36

2．P 链的作用

P 链对丰田零部件物流非常重要，P 链的主要作用包括：

（1）分割作用

P 链的第一个重要作用是物流分割功能，实现内外物流的分离。分割链实现了多频次、小批量的 JIT 零部件物流。丰田一般是根据每天生产作业计划、车型、品种和数量，将每天的零部件订单分割成多个小批量，采用零部件的小批量供应，通过分割链实现 20 或 30 台份的小批量零部件供应。

零部件货量过多会导致物流供应在单位时间内无法送达生产线边。同样，一次性到达生产线边的零部件数量过多时，生产线边无足够区域进行收容。P 链的存在恰好解决了这一问题。如图 3-6 所示，利用 P 链的分割功能可以将 1 车次交货的零部件等分到 12 条链中，这样就可以根据生产进度进行 12 次循环供应，一天交 2 车次的货。P 链的分割功能可以提高循环取货的物流效率，节约厂外物流车辆的运输成本，同时满足丰田小批量、多频次的零部件 JIT 供应。

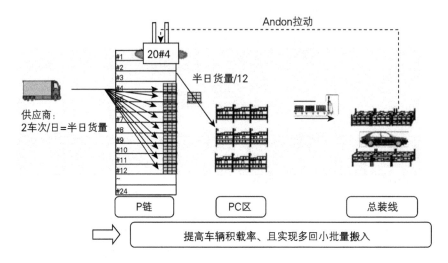

图 3-6 多回分割功能

(2) 吸收作用

P链的第二个作用是对外物流计划交货零件的进度吸收。当厂外物流和厂内物流因异常出现进度差异时，P链可以作为吸收的缓存区，确保总装工序及时引取零部件，减少物流设备与容器。

循环取货是一种定时不定量的交货方式。当生产线因异常停线时，物流车辆无法及时反应，仍然按计划时间到达整车厂。根据丰田生产方式，当生产线停止时，生产线没有多余空间储存多余的零部件，安灯进度指示就会停止。同时指示P链的物流配送自动停止，所有的物流供应同步停止。但厂外物流的送货车辆是定时交货的，并不会停止，而是继续按计划进行送货。此时如果不卸货，将导致整车厂物流车辆的大量积压。一旦生产线恢复正常生产时，物流车辆卸货又将会面临很多问题，诸如没有足够的车位、收货人员、叉车设备等对应卸货，出现车辆排队等待卸货情况，进而影响后续的集货循环，导致送货车辆无法按计划时间到达供应商处集货。

针对以上生产异常情况，P链的空白区域可以作为缓冲区，接收厂外物流运送来的零部件，卸完货的物流车辆可以进行下一趟循环路线的集货。如图

3-7所示,未放满的链可以吸收已到货零部件。因此当生产线异常停止时,物流人员可以继续对应按时到达的物流车辆。这样,保证厂外物流持续送货,实现厂外物流的柔性送货方式。此外,由于P链物流送货同步停止,整车厂拣配区域和总装线边也不会出现零部件的积库现象。

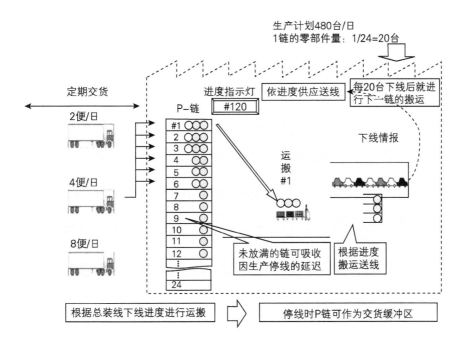

图3-7　生产停线P链缓存功能图

需要说明的是,P链的吸收作用是一定有限度的,P链最多只能收容1天的零部件数量。为了有效利用物流面积,可以采用24链来运作32链或36链。根据经验,当生产线异常停线超过8h以上,所有物流车辆卸完货后要求停止运行。当出现重大停线事件时,由于厂外物流车辆是根据月初计划交货,如果无法判断生产线恢复生产的确切时间,就无法通知供应商停止出货和物流公司停止集货。也就是说,整车厂内物流一旦停止,整车厂外物流仍正常运行时,所有交货的零部件都会积压在进度吸收链。与此同时,生产线停止还会导致没有空箱返回空箱置区,导致物流车辆在卸完零部件后无法拉载足够的空箱返回零部件供应商,进而造成物流车辆积载的浪费,以及零部件供应商没有足够数量的空箱进行出货。

当零部件在库数量超出 P 链的接收能力时，物流操控人员需要采取应急对应措施，强制停止厂外物流车辆的集货和卸货，并通知零部件供应商停止出货。当生产恢复正常后，对由于异常导致的欠产进行挽回时，首先消耗 P 链的在库零部件，同时重新安排外物流车辆集货和到达时间，并以电话、邮件或 Web 等方式通知最新的订单出货时间。重新安排计划需全部人工手动安排，消耗大量人工。

欠产挽回时，一般是通过加班逐步把欠量补回。由于消耗厂内 P 链的零部件库存，也会导致生产线对零件的使用量大于厂外物流车辆交货的数量，导致从生产线上返回的空箱量超出物流车辆拉载的能力。当空箱积压到一定程度，达到空箱置区的最大收容能力时，需要增加计划外的物流车辆将空箱返回供应商处，从而增加厂外物流车辆的费用。

当生产线正常运行时，P 链零部件的供应进度与生产线生产进度实现同步。当整车厂线边不需零部件时，P 链就停止搬运，体现了 JIT 物流供应方式，同时体现了 P 链的进度吸收功能，保证码头物料的正常收货。因此，P 链的创建既是柔性物流的发展，又为 JIT 生产物流提供了应对异常的缓冲能力。

（3）缓冲作用

P 链还可以应对前工程（如零件验收、入链等）的作业延迟，按生产进度供应，防止厂内零部件的溢出或欠交货。首先，P 链具有应对物流车辆延迟的功能，厂外物流车次可以通过计划来安排卸货计划，提高车辆周转率和物流设备运用率。其次，P 链可应对超前生产。所谓超前生产，就是根据生产需要，生产实绩多于生产计划。零部件的交货量比实际使用的量少，丰田生产方式的零库存特点无法满足工厂超前生产，P 链的存在解决了这个问题。正常情况下，P 链的状态是一直保有 3 链的零部件，以应对这种需求。

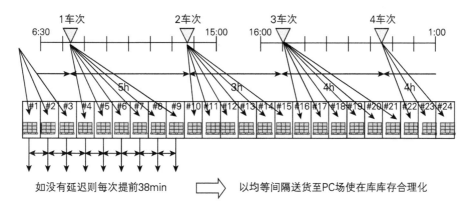

图 3-8 P 链的缓冲功能

3．P 链的作业流程

整车厂较多采用两班制生产（单班 8h），不考虑稼动率因素，则日生产时间 920min。假设计划日产量 480 台，生产节拍 T/T 为 1.9min/台。采用平准化生产与物流模式，P 链设定 24 条，每链零部件平准化分割成 20 台份。P 链每日向生产线供给 24 次，每条链的零部件平均拉动时间为 38min。

P 链的作业模式如图 3-9 所示。每链零部件的出链指示来自安灯信息显示屏，一般是由两组两位数字组成。前两位数字代表总装下线的车辆循环序号（1~20），后两位数字指示出链的链号。例如，当前 P 链出发指示 2007，当总装下线 1 台时，P 链出发指示变为 0108。

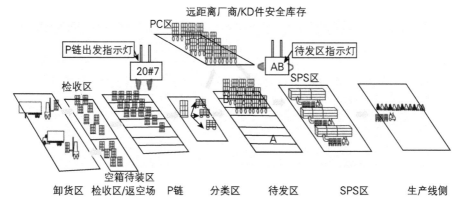

图 3-9 P 链出链进线示意图

图中的安灯显示为2007，说明出链人员开始准备搬出7号链的零部件，再过38min（1.9×20）后开始8号链零部件的搬运。与此同时，6号链的零部件已经根据E-看板指示，全部投放至分类场的分线台车，投入待发区。而5号链的零部件从待发区出发送线。以此循环，实现P链的运作。

P链作业要点主要包括：

①必须根据下线计数器的显示进度搬运零部件，使搬运进度与生产线进度一致。

②进度计数管理。进度计数管理是结合生产线进度和E-看板相关信息对物流现场人员进行的物流搬运作业指示。

③E-看板发注量和P链进度反映。E-看板方式会根据每日生产实绩调整订单发注数量，所以每日总货量会相应变化。但是不论总货量增加或减少，都会被吸收并平均分配到所对应的P链中，实现物流供应的均衡化，Andon指示的台数也相应进行调整，具体如图3-10所示。

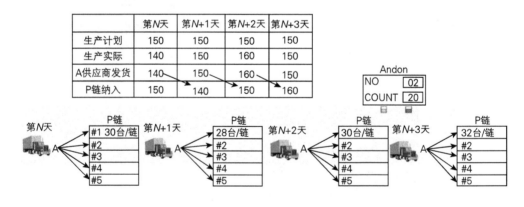

图3-10　E-看板发注量和P链进度反映

此外，P链的搬入和分线分拣目前大都采用人工及叉车物流器具。随着物流技术和设备的发展，后续可以采用滑道P链、自动物流分拣系统、自动搬运系统等手段，减少人工参与作业，提升物流效率。

3.3 厂内精益物流技术

根据零件特性,零件上线配送模式一般包括厂内 JIT、看板拉动、SPS 和 JIS 等四种方式。

3.3.1 供应商生产进度同步交货

所谓生产进度同步交货,是根据生产线的生产状况进行零部件的交货,符合这类交货模式的零部件统称为 JIT 件。JIT 件一般是生产线边可以放下整包装容器数量的零部件。JIT 零件的物流拉动主要是收集线边零部件需求信息,将需求信息通过 Andon/看板等方式发送到备货区集货,然后再送到线边。

在零部件供应商处装有车辆下线 Andon 信息显示屏,信息采集于生产线的下线点。如图 3-11 所示,当生产线车辆下线时,下线点处的扫描枪会对下线

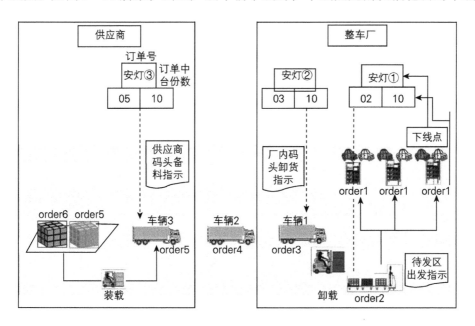

图 3-11 生产进度同步交货的物流与信息流

车辆进行扫描，下线信息自动传送到 MES 的服务器。MES 服务器会将下线信息同步发送到供应商的物料 Andon 系统，随之 Andon 显示屏的车辆下线信息相应改变。Andon 显示屏是丰田看板作业的一种形式。在每个物流节点都规划有 Andon 显示屏，每个物流节点都根据 Andon 指示进行作业。Andon 的信息由两组数字组成。左侧数字代表订单号，数字由小到大变化。右侧数字代表订单零部件量包含车辆的范围。假设整车厂每天两班生产 920 台车，供应商 A 每天需要出货 46 张零部件订单，则每张订单应满足 20 台份的车辆生产。

生产进度同步交货的流程如下，相关作业时间见表 3-5。

①卸货。

②验收。

③搬运至供应台车。

④将零部件供应商类别交货的零件按生产线别分开。

⑤供应至生产线。

表 3-5　同步交货物流作业时间

序号	物流环节	起始点	终止点	时间(min)
1	供给	供给台车	生产线侧零件料架	10
2	卸货	物流车辆	供给台车	5
3	装空箱	空箱置区	物流货车	5
4	车辆在途	整车厂	零部件供应商	30
5	卸空箱	物流车辆	空箱置区	5
6	装货	备货区	物流车辆	5
	合计时间			60
	生产节拍			1min/台

生产进度同步交货的优点主要包括：

①节约工厂内物流区域面积，减少物流器具数量，降低物流作业工时。

②减少空箱置区的面积。当生产与物流实现同步平准化后，一台物流车辆每次运输一定箱数的零部件，同样也会返回同样数量的空箱至供应商，以便实现物流循环供应。同步交货进度供应与生产线的生产进度保持一致。生产线生

产，物流车辆就会将零部件带到工厂。一旦生产线停止，厂外物流车辆就会停止送货。因此，JIT同步交货的空箱置区只需要能够容纳1辆物流车辆拉载空箱的面积即可。

③JIT生产方式的实现。当生产正常情况下，零部件按计划到达整车厂，在厂内按计划进行物流搬运。当生产发生异常导致生产线停止时，厂内所有的物料Andon显示停止，根据Andon指示的物流作业停止。如果采用生产进度同步交货，当生产线发生异常停止时，零部件供应商的Andon显示也会停止，供应商根据Andon显示就会停止备货、装货。厂内的物流车辆就会停止卸货，在途的物流车辆就会停在整车厂Yard。当生产线恢复后，所有流程都开始正常运转，不需要人为重新安排计划，也不会导致工厂内零部件库存一时超交过多，或者造成某一处的空箱、零部件溢出。

生产进度同步交货的主要缺点如下：

①增加供应商出货成本。生产进度同步交货订单需要按一定顺序码放，导致备货必须按订单顺序码放，装货也必须按订单顺序装货，对供应商的物流作业工时和置区面积造成一定增加。

②零部件库存过少。如果生产线有异常状况（如丢失、加工不良等）发生时，会产生缺件待料。生产进度同步交货以整车厂内零部件的零库存为目标。物流车辆一旦发生故障，无法按时到达工厂时，会对工厂的生产造成严重影响。因此在整车厂都有要求提前到待机场等待，根据生产进度JIT交货到线边。

3.3.2 厂内看板拉动

传统的厂内物料拉动方式主要包括看板和Andon两种。这两种方式有着各自的特点和适用范围。随着信息技术与管理方式的不断融合，看板拉动和Andon拉动结合更加紧密，取长补短，成为一种不可或缺的零件上线方式。

1. 看板系统

看板系统是一种先进的拉动式生产物料控制系统，用以调控制造、搬运、交货和供应等活动。采用看板进行后工程向前工程的生产指令发布，将必需的产品、在必需的时候、仅按必需的数量进行拉动。在传统的看板系统中，主要采用看板卡作为拉动需求的信息载体。看板拉动的对象主要针对通用配置的中小型零件，如整车组装所需的大部分标准件（如各种紧固件）、汽车线束等。

看板卡一般包括以下内容：供应商名称、看板号、零件号、零件名称、库位号、线边供应工位地址、盛具类型、收容数、卡片序号和条形码等。看板号是标识看板的号码，如图3-12所示。由于存在同一零件在不同使用工位的情况，零件号和线边地址确定唯一的看板号。同样的看板号可能存在多张看板卡，主要采用卡片序号来区别。

厂商（代码）	广州KC（5101）	订单号	20170306009	受入时间	0900
				便次号	GT21-02
件号		90XXX1-55XX3		件号代码	005
件名		左轮罩外板			
包装代码	T1730	SNP	50	收货码头	A01
管理号		90XXX1-55XX3-001			
料位		T1R-0603		链号-分割线	PL04-08
序号	02/16	XX公司交货标签		分割链出发时间	11:00

图3-12 交货看板卡片示例

传统的看板卡容易产生以下问题：

（1）生产的波动大时造成物料短缺或溢库

平准化的生产是看板拉动系统的前提。在实际的生产过程不可避免地会出现生产波动的情况，有时候甚至是突发性的。当生产的波动大时，对看板系统的影响相对较大。虽然可以通过增加或减少看板卡来应对生产的波动，物料种类较多，这类操作显得非常烦琐且容易出错，响应不及时容易导致出现物料短缺或溢库。

（2）看板卡片的丢失造成紧急拉动甚至停线

看板卡片一般采用纸张的物理形式。员工不规范操作或远距离运输等原因很容易造成卡片损坏或遗失。看板卡片的异常损耗意味看板张数的减少，导致日常配料循环内的看板卡数量的不足，线边的拉动需求无法及时传递至配料区域，最终生产线边可能出现缺料乃至停线。

(3) 摆放看板卡片问题

看板拉动零件的看板摆放也是一个问题。一般，通过料箱摆放的零件可以将看板卡放入，而特殊的料架和周转箱可能没有合适的位置摆放看板卡，容易造成看板卡的遗失，影响看板循环使用。

目前，条码、RFID、系统集成等信息技术在看板系统得到广泛应用，通过看板跟踪控制、条码扫描和 WMS 系统交互等功能，可以解决传统看板的上述问题。如图 3-13 所示，整车厂的零部件看板拉动采用条码扫描方式进行。采用条形码时，条形码信息包括看板号和卡片序号，实现系统快速扫描和防错。看板系统所需功能总结如下：

现场安全库存使用周期要大于或等与看板运作周期，否则会产生缺料。看板的作业周期由接收扫描时间、扫描空箱看板、发布和打印指示时间、拣料时间和配送到工位时间等组成。当物料在规定时间内没有配送到工位，需要及时进行系统报警。

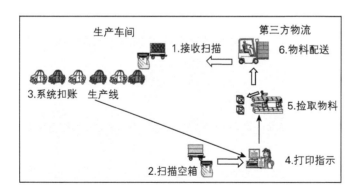

图 3-13 看板系统运作原理图

2. 看板系统的业务流程

看板作为主要的拉动方式，具有使用简便、操作成本低等特点，所以整车厂内的中小零件可以采用看板拉动的方式上线，其业务流程主要包括：

①线边操作人员在有看板卡的料箱中取出第一个零件时，同时取出料箱内的看板卡放在指定位置。

②物料班组长定时将工段上收集的看板卡，集中放入线边指定的看板回收箱中。

③送料人员定时巡线并从线边看板回收箱中取回看板卡，看板卡进入下一循环。

④送料人员将收集回来的看板卡进行扫描。

⑤系统根据相应的原则对零件进行分类，在系统内确定零部件的需求信息并发布零部件供货指示。

⑥送料人员根据供货指示进行备货，出库扫描后配送至线边工位。

厂内看板拉动的业务流程如图3-14所示，在生产过程中，通过看板的循环过程实现了基于看板的物料拉动。

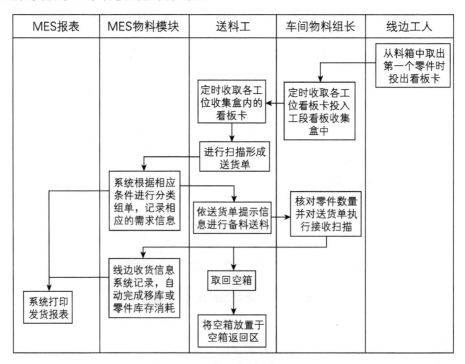

图3-14　厂内看板拉动流程图

(1) 拉动循环

一个完整的拉动循环包括线边操作人员使用某一箱零件时，将看板卡取出放入看板收集盒中、送料人员将看板卡回收至扫描点处、扫描点将看板扫描信号发送到 RDC 仓库、RDC 仓库根据扫描信号配送物料至现场存放点、送料人员将看板卡和物料匹配、送料工将匹配好的物料和看板卡送至线旁，进入下一个循环。

(2) 看板和送料人员循环

送料巡线人员根据实际产量和工作量，每隔 0.5h 或 1h 巡线一次，从生产线边将看板收集盒中的看板卡回收。根据看板卡上的信息，在仓库内完成物料备货，附看板卡一起配送至生产线。

3.3.3 中小物 SPS 物流

SPS，即成套零部件分拣配送系统，是面向生产线车辆序列随车供应零部件的一种方式。SPS 是丰田在 JIT 物料模式基础上，针对混流生产线提出的一种零件拣配与装配线分离的物流配送新模式。SPS 根据车辆装配的零部件信息进行零部件配载，降低线边零部件的库存堆积，同时消除取料过程中的识别、寻找、走动等无价值的操作，降低总装组装人员取料作业的复杂性。

在总装车间，SPS 采用一台线上车身随行 1 个或 2 个零部件专用台车。台车中放置对应车身所需装配的零部件。该台车根据车辆生产计划在 SPS 区进行拣选和备货。SPS 台车根据 MES 的上线进度指示进行同步拉动上线。随着车体在总装生产线流动，方便线上组装人员的拿取。在多车型混线生产时，基本上是 1 个工序或 1 个作业者所需装配的零件，根据作业顺序（手顺）放置于料盒或随生产线移动的 SPS 台车上，减少组装人员找料与选料时间，因此 SPS 也称为一台份供应方式。

SPS 是丰田生产方式发展过程中又一创新，是丰田对总装生产线持续精益的成果，在丰田公司得到广泛推行。由于丰田在海外的快速扩张以及因用户喜好多样化，新车型逐渐增加，高技能水平人才的需求不断增加。尤其是在海外工厂，丰田公司经常要面临对海外工厂进行人才支援的问题。面对着这样的压力，丰田公司海外工厂的自立化成为当务之急，同时也必须在短时间内尽可能培养出更多需要的人才。因此，丰田急需革新，通过实现装配线的集约化和简约化，加速人才的培养。

SPS 虽然也是将零部件供应给装配线组装人员的一种方法，但与传统的物料批量配送方式相比，在物流环节上存在很大不同。

在传统的批量配送物流方式下，生产线作业人员首先需要选择零件，然后进行装配，最后进行空箱返回。在此过程中，往往会造成过度生产浪费、搬运浪费、库存浪费、加工本身浪费和等待浪费等。

SPS 成套供应采用拉动式的引取方式，在引取量上做到非常精细。SPS 最大的特点是将总装生产线的组装作业与零部件分拣作业相分离。SPS 的分拣人员只负责将某一型号车辆所需的零部件选取出来，装入相应的 SPS 台车，并按生产顺序单台份配送上线。SPS 台车随整车装配线同步运行，为每个工位提供零部件。当 SPS 台车内的零部件全部装配完成后，在指定工位返回 SPS 区。SPS 台车返回 SPS 区重新装载对应于另外一台车辆的零部件。通过这种循环方式，保证生产线各工位所需零部件的及时供应。

如图 3-15 所示，SPS 盒式配送主要应用于中小零部件的同步配送，零部件载具采用定制的料盒。料盒能直接上线，并随生产流水线一起运行，完成装配后返回 SPS 区循环利用。这一方式充分体现多品种混流的精益思想，即集成需要的数量，在需要的时间将需要的零部件配送至需要的地点。SPS 将零部件拣配作业与装配作业相分离，使得组装人员能够专注于装配作业，减少组装人员取料的人为失误。通过这种物流方式，并与外部物流整合，形成一种精益的物流体系。整个物流系统的运作完全是以单台同步物流方式进行整体高效运作，有效减少和控制库存。

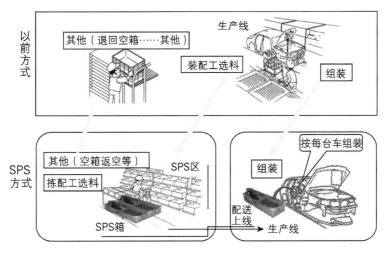

图 3-15 SPS 工作模式

SPS 方式的另一特点是不受车型、零件和工位限制。组装人员只需在物料架和车身同步流动的平台上,将触手可及的零部件对号入座,装配到车身即可,甚至转身拿取零部件的时间也予以消除。通过对零部件采取这种台套式 JIT 供应,达到一个流的同步供应。在总装车间,SPS 区不仅可应用于装配线,也可应用于仪表板、发动机和车门等总成件的装配。

SPS 物流模式的信息指示原理如图 3-16 所示。MES 的数据采集模块进行车辆进线排序信息采集,再通过 MES 的物料管理模块将配货指示单发送至各 SPS 区,该配货指示是根据车辆顺序生成并按下线实际控制进度。SPS 拣配人员读取到该信息后,按照指示在料箱中拣配出一套零部件,每套零部件共用一个专用物流周转容器。物流容器在线上和 SPS 区之间流转,使零部件一台化。

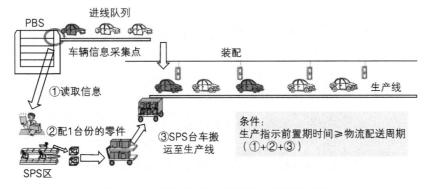

图 3-16 总装车间 SPS 物流信息指示原理

目前，整车厂的 SPS 台车多采用 AGV 等自动化输送系统送至线边，最终实用于整车装配。此外，SPS 的作业前置期必须大于物流配送周期。

关于 SPS 原理及运用等相关内容，本书将在第 4 章进行完整介绍，以便读者更加了解 SPS 运营。

3.3.4 大件厂内顺建（厂内排序）物流

总装生产线的长度决定于汽车组装的工位数。总装生产线上的零部件种类过多，会导致总装车间的工位数过多，进而生产线的物流距离过长。此外，汽车零部件的规格变化多，对于距离整车厂较远的零部件供应商而言，无法采用顺引 JIS 来进行零部件同步供应。例如，车身线束，每种车型可能有多达十几种的类别，但线边空间位置有限，不能同时摆放十几种规格的标准包装零件在线边。因此，顺建方式能很好缓解上述问题。

顺建，丰田用语，是指零部件供应商将零部件交货到整车厂之后，按照生产线车型生产顺序重新摆放零部件，或在相关工程的副装配线上进行的零部件初加工后，按照车型生产顺序配送到主线上。

顺建可以看作一种工厂内的顺引物流。顺建品从 P 链进入顺建料架区。顺建料架区的作用是先将零部件事先排序，再根据总装车间上线车辆顺序，配送到总装车间的相应工位。其意义在于可以减少行走距离、减轻劳动负荷、减少识别零部件环节、提高装配作业者作业节拍、降低错装风险、降低装配线边库存、减少存储面积和存储成本。

下面以工作流程图、物与信息流程图说明顺建工作原理，如图 3-17 和图 3-18 所示。

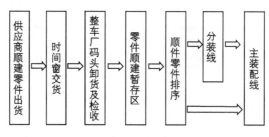

图 3-17　顺建工作流程

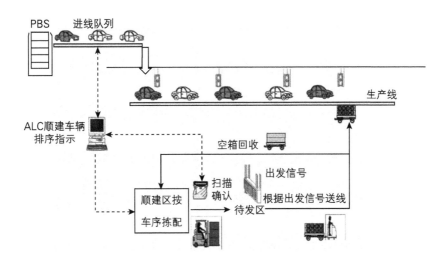

图 3-18 顺建物流与信息流

厂外 JIS 由于是供应商直接送货到线边，因此送货时间的控制尤为重要。厂外 JIS 零件确定的一个约束条件就是总装起始点到零件安装点的提前期是否符合物流排序送货时间 L/T 的需要。例如，线上的车从总装起始点到零件安装工位需要 2h，供应商排序备货 0.5h，物流送货 0.5h，"供应商排序备货时间 + 物流送货时间 < 从总装起始点到零件安装工位时间"，这样该零件就是符合实际情况的零件，可以作为厂外 JIS 件处理。但是如果"供应商排序备货时间 + 物流送货时间 > 从总装起始点到零件安装工位时间"，那么该零件只能采用 JIT 或厂内 JIS（顺建）方式进行管理。

不论是厂内 JIS 还是厂外 JIS，车序的起始点都是总装起始点。也就是说，一旦车身进入总装车间，在制的车序就不能被改变，只能按照现有顺序进行生产。JIS 件的需求是通过起始点的终端监控采集车身通过信息，并且将车身通过信息根据 BOM 转换成零部件信息。例如，轮胎采用 JIS 送货时，当空车身通过总装车间起始点时，轮胎备货区收到该车型对应的轮胎料号和数量信息。每个零件上也会标识对应的车型信息，以便轮胎备货人员和线边组装人员容易识别该轮胎所对应的具体车型。

顺建零部件的选取原则是：

①体积大。

②重量大。

③种类或颜色类型多。

④供应商或中转仓库距离整车厂远。

⑤同一种零部件多家供货。

顺建一般包括如图 3-19 所示的两种模式。一种是针对大件，供应商直送至整车厂 RDC 库，在大件顺建区按固定倍数进行顺建后，再配送至线边。另一种是针对中件，供应商送货至整车厂 RDC 库，在厂内顺建区进行排序后，配送至 SPS 区。在 SPS 区进行拣选，以 SPS 物流方式上线。

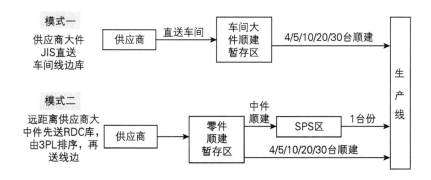

图 3-19 顺建的两种模式

上述两种模式的比较分析见表 3-6。

表 3-6 两种顺建模式说明

模式类别	适用条件	示例
顺建供应到线边	线边无充足面积批量存放全品种零件，包装体积大，不适合 SPS	天窗、顶篷、地毯、空调器等
先顺建，以 SPS 方式供应到线边	线边无充足面积批量存放全品种零件，包装体积较小，可以用 SPS 容器供应	气囊帘、线束、方向盘等

整车厂按照顺建选件原则，确定总装车间采用顺建物流的零部件。例如，对于汽车制动器，为了满足多车型混流生产及生产节拍提升的需要，可对制动器零部件采用顺建方式。制动器零部件的顺建物流模式如图 3-20 所示。

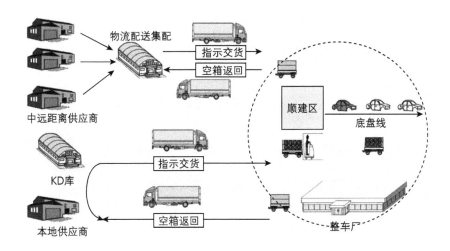

图 3-20　制动器零部件顺建示例

其中，对于制动器等远距离供货零件，可先交货到集配中心，再交货到整车厂内的顺建区；KD件由KD库出货至顺建区；本地供应商则根据交货指示直接交货到总装车间的顺建区，最终统一在顺建区进行拣配排序送线。

3.4 丰田厂内物流直供化供应方式的导入

对于大多数零部件，出P链后需要按照零部件使用地点进行分线，也就是从厂家类别转换为生产线别，完成零部件的上线供应。如图3-21所示，从顺引、顺建和分线三种内物流供应模式上看，顺引方式最好，顺引零件不会占用工厂的面积，并且人力和设备等投入少；其次是顺建方式，顺建零件在厂内只有1次停留；最差的是分线方式，分线零件在厂内停留2次，需要大量的人力、设备、零件料架和物流区域予以应对。针对这部分零件需要进行改善，直供化概念由此而出。零部件直供模式是简化中间物流，供应商零部件达到整车厂后不经过分割或排序直接上线的模式。

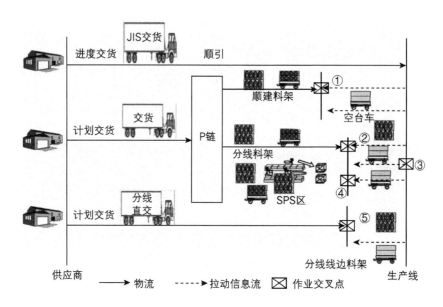

图 3-21 物流模式作业交叉图

顺引零件是根据生产车辆顺序按时到达生产线，在厂内无任何停留环节。顺引本质上属于一种广义的直供模式，一般仅适用于供应商距离整车厂较近、体积较大、品种规格较多的少数零部件。

顺建零件出 P 链以后会在顺建料架顺建区①进行拣配，然后根据生产顺序按台份向生产线供应，出链后只会在①处存在物流转换。

分线零部件在分线料架完成，但是多了分割环节，停留一段时间，停留在②这个点会有一定时间的库存量。零部件并不是根据生产顺序供应到生产线边，而是单位时间内需求量的供应，到了生产线边零件料架后会停留一段时间，所以在③（④SPS 区）存在一定数量的零部件库存。分线零部件在出链后会在工厂内停留两次。

直供的零部件是被供应商根据生产线线别进行事先备货的零部件。直供的方法是在直供零部件的订单上加入生产线代码，这样供应商备货时就直接根据生产线线别进行备货。这部分零件到达工厂后正常验收后，直接进入供应准备区。物流人员再根据供应指示将这些零件供应到生产线边，供给完成后将生产线边的空箱按厂家分类进行回收，然后打上捆包带后直接送至空箱置区。与分线零件物流相比，少了零部件分线、空箱分割两个环节，到厂验收后只需在生产线侧⑤点停留等待一段时间即可。

直供模式的优点在于：

①缩短整车厂的物流周期，减少空箱、零部件分线环节。

②减少整车厂的面积和货架投入。

③减少整车厂分拣作业的工时。

④减少供应商的周转投入。

第三方物流直送工位运作方式是基于高度的信息共享，以整车厂的 JIT 生产拉动第三方物流集配商的 JIT 同步物流，以第三方物流仓库内各供应商的库存状态和补货信息拉动供应商的交货。第三方物流直送工位运作方式的主要前提条件是整车厂生产平准化，同时月度的生产计划安定。

为了减少中间转换的库存成本，直供模式可不采用第三方物流，而是由供应商直接交货。直供模式在实际应用过程中，存在外部物流成本高、内部物流供应线路效率，以及生产线边零部件库存收容能力不足等问题。因此，目前整车厂直供模式只是在货量较大的供应商得到应用，其他供应商仍沿用交货后再分线模式。

第4章 SPS 物流规划与应用实例

4.1 SPS 导入缘起

4.1.1 丰田海外工厂第一个台套化供应导入

1984 年 K 公司和日本 H 公司合资成立新公司后，逐步开发导入生产销售 H 公司的大中型巴士（Bus）车底盘系列和大中型货车系列，后期日本丰田公司投资加入小货车系列。由于底盘组装线只有一条（在日本分为大型货车线、中型货车线、巴士车线、小货车线），因此成为多车型、多规格的混合生产组装线。由于生产的车型复杂，品质问题多，生产管理问题多，造成高层主管的困扰，笔者受命调任大型车生厂部主管，从事多车型混线生产的效率改善与品质提升工作，开展汽车混线生产零部件供应模式的精益导入。

公司初期生产模式是以大车 4 台批量、小货车 10 台批量 KD 件到厂，开箱后进行混线组装。丰田公司精益生产专家认为大车 4 台批量不合理。其理由是 4 台生产时，如果只售出 1 台将造成 3 台库存，因此要求公司系列车种改为单台 KD 件捆包，生产线拆箱后单台平准化投入生产。

原来的大车 4 台 KD 件捆包改为 1 台捆包试行后，日本的捆包包材用量和生产线拆箱工时大幅增加，导致生产和物流效率恶化，这是极不合理的。因此，建议改为大车 KD 件 2 台小批量捆包，以此降低包材费用。拆箱后把 2 台分成 2 个各 1 台套零组件，大物放在专用台车，中小物放在投料 SPS 台车上，平准化投入生产。

为了多车型混线生产，克服高/中/低工时的生产差异，采用零部件单台供应模式，即大物采用系列台车和中小物 1 台套 SPS 进行 JIT 供应，最终解决了复杂组装线的物流供应问题，为公司后续创新导入小型商用车中小物台套 SPS 供应积累了实践经验。

4.1.2 多车型混线生产物流系统

如图 4-1 所示为某公司生产车型及各车型生产工时倍比。如以中型货车生产工时设为 1，大型货车及大型巴士车生产工时较高，小型货车工时较低，约为大型货车的一半。

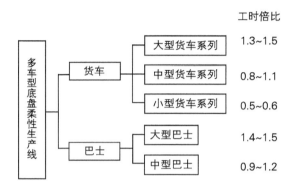

图 4-1　K 公司多车型柔性混线生产工时倍比图

公司生产是根据完全平准化进行，分为红色高工时车（大型货车/大型巴士车）、黄色中工时车（中型货车/中型巴士车）和白色低工时车（小型货车）三个系列进行平准化投入。

生产平准化的原则是红色高工时车后面搭配白色低工时车为第一优先，或红色高工时车搭配黄色中工时车为第二优先。红色工时 1.4 跟白色工时 0.6 搭配的平均工时约为 1，所以工时的平准化是在 0.85~1.1 区间变动。尽量避免红色高工时车的连续投入，其原因在于容易造成作业来不及而停线。此外，当高工时车进入瓶颈工段时，班组长协助组装，消除瓶颈工时。SPS 和大物序列供应可以减少找料、走动等无效工时，提高生产效率，同时使生产线更具有弹性。

由于大型车的生产随市场销售的波动起伏较大，生产的倍比在短期内有 2~3 倍的差异，作业人员需要随产能波动每月进行调整。当产量低时，多余人员调往小型车装配线。反之，产量高时，从小型装配线调回支援出的人员或增加新人应对。SPS 的创新改善有助于作业人员专注组装作业，减少取料选择的困扰，减少错件产生。

图 4-2 所示是 K 公司多车型柔性混线生产及其台套式物料供应指示系统。

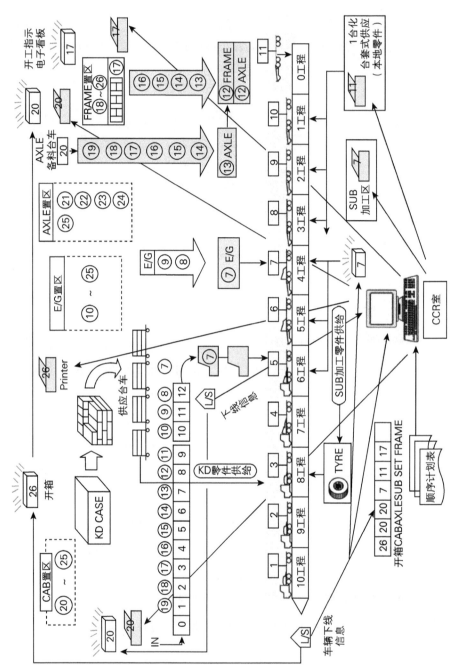

图4-2 多车种混线生产及其合套式物料供应指示系统

其中，主线由 10 个工程组成，货车车头（Cab）线包括 12 个工程，Cab 完成吊挂区有 2 个组装完成的 Cab。车架（Frame）在主线第 0 工程吊挂投入，发动机分装在主线第 4 工程投入，Cab 在主线第 6 工程搭载。

以主线最后一工位设为第 1 个工程深度，由后往前设定工位的位差，每一工位为 1 台份的单位，因此主线的第 1 工位为第 10 个工程深度，车架搭载工位是主线第 0 工位，第 11 工程深度，车架的投入指示深度是 17 工程。由此倒推 Cab 线的第 1 工位是第 19 工程深度，车架分装线第 1 工位是第 16 工程深度。底轴分装线第 1 工位是第 19 工程深度，发动机/变速器分装线第 1 工位是第 9 工程深度。主线每下线一台，中央控制中心（Central Control Room，CCR）对各工位累加一台进行位差指示。

开箱的指示深度是第 26 工位，Cab 投入的工程指示深度是 20，底轴投入的工程指示深度是 20，大巴车仪表板及其分装线投入的工程指示深度是 7，SPS 的投入根据主线 11 工程深度和 Cab 线 20 工程深度的指示进行。

4.1.3 KD 件大物/中小物 SPS 开箱物流模式

由日本进口的 KD 件车头 Cab 是涂装完成品。为了节省包装，Cab 箱内摆放有中小物的纸箱，底轴与发动机大物零件放在 Cab 箱下面以木箱底座承载。根据生产顺序搬入厂内开箱，图 4-3 所示为 KD 件的上线物流系统。

例如，对于 Cab 线的开箱投入工程深度，Cab 线的完成品搭载点是主线的第 6 工程。主线下线为第 1 工程深度（第 10 工程）的时候，Cab 装配线投入工程深度是第 19 工程深度（第 1 工程）。此时，已开箱的 Cab 置区第 20 工程深度的 Cab 要准备投入。在已开箱 Cab 置区有 6 个缓冲库存量，因此开箱区的待开箱指示是第 26 工程深度。开箱人员进行开箱后，分别装入 Cab 台车、发动机与变速器台车、底轴大中物专用台车、中小物 SPS 台车、大物序列件台车。上述台车先投入各缓冲区，再根据 CCR 不同工程深度同步指示单台投入线边。主线的 SPS 台车根据装配工程顺序排列，从 0 工程吊入放进车架前端。这是 SPS 台车在 K 公司实施的首例，也是日本 H 母公司海外装配线实施 SPS 的首例。

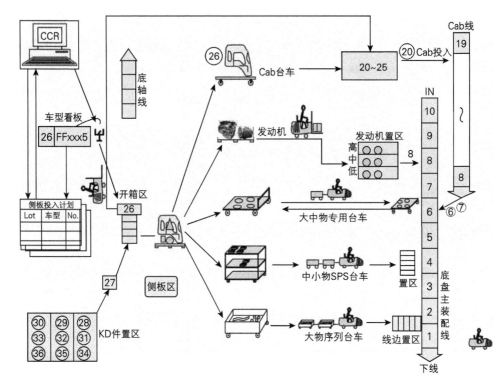

图 4-3　KD 件上线物流系统

4.1.4　小型商用车生产线 SPS 的导入

由于笔者在大型车生产线表现杰出，公司将笔者调任小型商用车生产部经理，该线采用混线生产方式，主要生产大小两种日本母公司的商用车。2003 年该线拟加入一款 V 系列小汽车进行混线生产。此时公司日本派驻的总经理在全公司经理会议时问我，大型车生产线用单台套件供应生产，在小型商用车生产线是否也可实行。笔者回答，单台套件供应生产大型车和小型商用车逻辑方法是一样的，应该可以实行。总经理指示先探讨可行性。

回去思考后，SPS 方式是一样可行的，但是大型车和小型商用车的生产节拍差异大，大车生产线生产节拍最快 20min，最慢 60min 下线一台；小型商用车线生产 3~5min 下线一台，如何在 3~5 min 内完成一台套的中小件零部件拣配是一个主要问题。因此，要突破复杂拣料、找料、取料工时的方法是问题关键。当时电子拣料灯号系统尚未出现，因此创新采用了同一原理的车型代码，克服此难题。

同一车型系列内的通用件占比40%~50%，因此只要识别剩下的50%~60%的选用件即可。在车型代码识别时，对通用件采用"全"字进行标识，表示全车通用。其他选用件采用数字表示。使用车型代码，V系列小汽车根据车型规格、配置规格和色系可分为1~21个代码，Z系列商用车可分为1~29个代码，代码等同于目前灯选系统的功能。

配置规格的主要区别是手排、自排、选用零件和颜色件的差异。因此，代码编辑原则是以通用件放在前端，中间代码是选用件和颜色件，最后是手排的特殊零件，所以代码会成为一个区间的群组，如图4-4所示。对于通用件，识别代码为"全"而非数字，所以大部分的通用件不是用数字代码，拣配人员只需识别数字代码即可。车型代码下面设定零件用量，采用数字设定，用量为2以上的加盖红色圆章，所以拣配人员对用量为1的零部件不需要特别识别，对红色圆章的零部件用量才需要注意具体数量。

图4-4 车型代码编码规则示意图

采用车型代码取代丰田母公司所沿用的各种复杂零件识别代码，如零件颜色别、形状别、数字别等规格。拣料表上唯一的有效识别码是车型的数字代码，拣配人员只需对比料架上的零件识别代码是否用到即可。对于大部分的通用件，拣配人员员无需识别车型代码。这种方式节省了拣配人员记忆各种零件识别代码的脑力，提高了取料速度。

此外，对颜色件和选配件，分类放置于料架的同一列或同一行。例如，安全带的颜色是黄色的，它的支架件和支架的黄色饰板放在同一行，拣配人员可以双手取料，发挥双手作业的最大效率。同时，料架分左右设定，与生产工位上左右装配的取料方向一致。拣配人员在由前向后完成拣料作业过程，不会反复来回走动，拣配走动的距离最短，相比以前装配工人自行去线边取料更有效率。SPS拣料分组逻辑如图4-5所示。

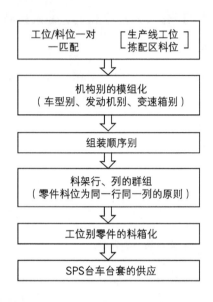

图4-5　SPS拣料分组逻辑流程

①SPS拣配区的零件布局与总装生产线的装配顺序工位一一对应（包括与左右侧装配工人的对应）。

②以车型别、发动机别、变速器别、内装色别、选用件别和机构别等根据组装顺序分别进行分组，再将同一机构的零部件采用同一行同一列原则放置在同一个料架上，以方便取用。

③根据工位别和装配顺序规划料箱零件的摆放顺序。

④为了避免相似零件发生误取，采用简易防呆的方式，在看板上以图形标识零部件的主要差异和识别要领，或采用治具进行相似件识别。

⑤在拣配完成后进行点检作业，根据每箱的零件照片和数量进行确认。

4.1.5　SPS 对象零件与 BOM[⊖] 设定

1. SPS 对象零件的选择

SPS 方式对零件的选择也是有一定要求的，不是所有零件都合适 SPS 方式。汽车零部件分为大物、中小物和标准件，其零件各自上线方式如下：

①大物：采用 4/5 台交换台车或 JIS 排序送线。

②中小物：尽可能采用 SPS 上线。

③标准件：采用看板拉动上线。

(1) 大件不采用 SPS 上线的原因

如前所述，汽车大物通常是指重量大、体积大、拿取时容易干涉的零部件，如发动机、顶篷、保险杠、座椅、仪表板等。大物如果采用 SPS 上线，则大物需要在物流区放置于 SPS 区料架上，再由拣配人员放到 SPS 台车上，运送到生产线边。对于汽车大物零部件，采用 SPS 方式存在以下问题：

①因为零件较大，SPS 台车也较大，物流人员搬运困难。

②即使能够放入 SPS 台车，取出时也比较困难。

③生产节拍快时，大件 SPS 搬运频次高，物流作业无法满足线边零件需求。

因此，大型的汽车零件不一般适合采用 SPS；大物零件一般是根据上线车型信息所对应的零件进行先后顺序 JIS 排序配送到线边，或采用 4/5 台倍数的交换台车 JIT 上线。

(2) 标准件不采用 SPS 上线的原因

标准件是指国家规定的标准件和体积非常小的零部件，如螺栓、螺母、卡扣、垫片和卡环等。标准件一般主要存放在线边的工具料盒中。标准件的配送信息主要采用看板拉动方式。

⊖ BOM 指物料清单，BOM 为 Bill of Material 简称。

因此，SPS 的零部件适用范围是除去大物和标准件以外的中小物零部件。SPS 方式的主要优点见表 4-1。

表 4-1 中小物 SPS 方式对比

项目	采用 SPS	不采用 SPS
线边取料距离	装配工在 SPS 台车取料，步行距离缩短一半以上，可以定点取出；即使作业延迟，取料时间也不会变化	装配工需步行到料架区取料，步行距离长。车型选配件不同，料位也不同，所以无法定点取出，不同车型的作业时间不同；出现作业延迟时，取料时间也会延长
物流距离	交货的零件直送到 SPS 区，搬送距离短	交货的零件需送到线边，搬运距离加倍

由于 SPS 配送零件是按台份送到生产线每个车身对应的生产工位，这意味着现场没有备份零件。当装配过程中出现质量问题（如零件不合格或损坏等）时，由于没有备份零件或线边的零件补充供应，该问题车辆将随其他合格车辆一起下线后进入返修区，等待安全库存零件紧急配送进行更换补充。因此到货入库的零件合格率是 SPS 能否顺利运行的一个主要前提。在具体实践时，一般对容易造成装配损坏的零件，可以备少部分的库存替换零件给装配工厂使用，一般是放在随行台车上，但是要进行装配损坏件的记录管理，避免缺件发生。

2．SPS 相关 BOM 的设定

E-BOM 是从产品设计角度说明产品的具体组成，通常限于图纸零件明细表出现的物料。汽车 E-BOM 是根据车型规格，主要包括发动机、变速器、内装色、装饰件、选配件等规格。

M-BOM 是面向生产过程的产品数据描述方式，一般情况下，M-BOM 增加了途程工艺、车型设定、工场码设定、工序表设定、工序工站等生产工艺信息。P-BOM（Plan BOM，P-BOM）是 ERP 系统使用的物料清单，通常是采购零件的相关资料，如供应商名称、供应商代码、件号代码、收容数（SNP）、交货周期、交货库位、容器格式等。

SPS-BOM 是针对 SPS 特有需求的一种 BOM，通常包括车型代码、用量、收料库位、投料料架地址、件号代码、零件识别特征、SPS 箱位、零件类别（组合件或单件）、排序件、直送线边零件等信息。

其中，件号代码的设定是根据供应商类别的设定零件序号，件号代码由字母和阿拉伯数字组成，字母代表厂商名称，数字一般由 01~99 两位数字组成。件号代码主要用于替代零件号，便于快速识别零件。在投料、补料和缺料时，一般绑定供应商和件号代码传递信息，以件号代码替代复杂的零件号，这样信息传达更加准确和迅速。

上述四种类型的 BOM 关系如图 4-6 所示。

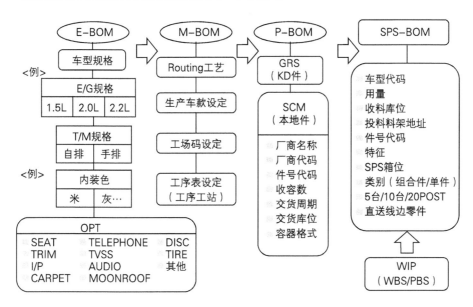

图 4-6 SPS-BOM 与相关 BOM 的关联

4.1.6 SPS-BOM 的车型代码转换

快速、准确的零件拣配是 SPS 物流模式的关键。在数字灯号技术出现前，本书作者首次采用车型代码进行零件拣选。车型代码采用阿拉伯数字替代复杂的零件识别码，具体工作原理类似于灯选系统的亮灯指示，在灯选系统时则为亮灯指示取料，便于拣配人员人工拣选时快速识别零件。

通过车型代码，采用 SPS-BOM 将车型配置规格与零件进行单位用量关联，具体如图4-7所示。

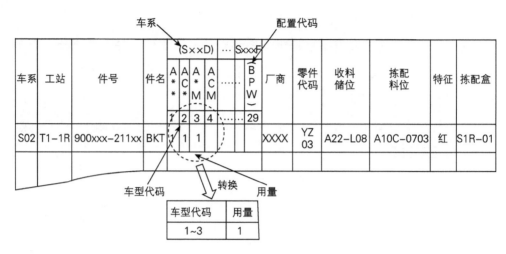

图4-7 配置件的SPS-BOM表

其中，车型配置共有29种，采用数字1~29设定车型代码，再把零件号与车型代码关联，件号为900×××-211××是1~3车型的通用零件，并且每个车型的使用量均为1，因此在拣配料架上的车型代码设定为1~3。

对于所有车型都使用通用件，车型代码设为"全"，便于拣配人员识别。一般情况下，汽车零件的使用量大多是1。当使用量为2以上时，将使用量的数字采用红色圈进行颜色标记，提醒拣配人员注意拣配数量不是1，如图4-8所示。

车系	工站	件号	件名	Z××D A*C*M 1	A C M 2	A C M 3	Z××F 4	...	B P W #	厂商	零件代码	收料库位	拣配料位	特征	拣配盒
Z	T1-6L	899×××-311××	后门铰链	2	2	2	2	...	2	××××	TD020	B11-L11	A08C-0604	黑	S1L-05

↓转换

车型代码	用量
全	②

当车型为1~29时，车型代码就用"全"字

单位用量为2以上时加红色圈，提醒拣配工注意拣配数量

图4-8 通用件的SPS-BOM表

SPS-BOM 的信息主要包括车系代码、装配工站、件号、件名、厂商代码及件号代码、拣配区的投料料位、收料暂存库位、车型代码、单位用量、SPS 料箱零件摆放位置、零件特征等。SPS-BOM 的表结构见表 4-2。

表 4-2 SPS-BOM 设定规则表

项目	车系	工站	件号	件名	代号		投料料位	收料库位	使用车型	用量	箱位	特征
					厂商名称	件号代码						
码位	4 码	6 码	12 码	12 码	8 码	3 码	11 码	9 码	18 码	5 码	6 码	9 码
示例	S	T1-01R	900×××-211××	BKT	YZ	03	A10C-0703	A22-L08	1~10 17~20	1	S1R-01	红
说明	SUV	前饰 1 线右 1 工站									SUV 车右 1 工站 01 地址	

对于投料人员，快速找到投料位置是一个挑战。料位编码可以方便投料人员迅速找到对应料位，可以极大提高投料效率。SPS 区拣配料架的投料侧标识设计如图 4-9 所示。

图 4-9 SPS 区拣配料架投料侧标识

其中，箭头方向是指投料方向在下方，零件代号 YZ03 表示 YZ 公司零件，代号是 03，零件件号是 900×××-211××，特征是绿色标记（如果没有特征，则特征栏为空白栏），零件收料后的 RDC 库位是 A22L08，SPS 拣配区的料位是 A10C-0703。投料人员投料时，需要确认件号代号、料位和特征，防止投料错误。

为了便于 SPS 区拣配员取料，取料侧料架标签的设计如图 4-10 所示。零件代号是 YZ03，件名是 BKT。拣配员拣料时，首先确认拣料台车上的车型代码

S02，02又在1～3区间内，零件用量是1，零件上有红色标记，箱位是S1R-01，拣配人员拣取该零件放入SPS料箱S1R的01位置。当线边零件快使用完，有缺料可能时，呼叫送料人员补料。零件呼叫的代号是YZ公司的003零件。

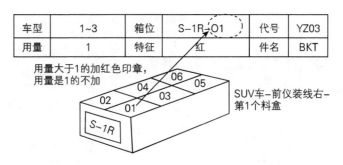

图4-10 拣料侧标识与SPS盒使用示意图

因此，件号代码是零件号的一种简化识别码。当物流人员投料时，仅需确认料架上的件号代码与料箱上的件号代码一致。组装人员在取第1箱的第1个零件时，仅需确认料箱上的件号代码和料架上看板标识的料位一致，以此防止误品发生，尤其是对相似件的情况。

采用车型代码进行拣配的主要优点包括：

①不需要使用灯选识别系统和识别信号灯，物流成本降低。

②与灯选系统相比，工位变更或料位变更时，不需要IT人员协助修改程序。生产现场的班组长或生管人员对SPS-BOM进行相应修改，打印和更换新的拣配区料架标签即可，相比灯选系统更具柔性。

③不需要用手按取消灯号，可实现单手或双手取料，降低拣配工时，提高效率。

④由于零件摆放群组化，拣配人员只针对选用件、色别件、手排件等重点注意拣配即可。

⑤常用车型的零件一般设在料架的上方，少量车型所需零件设在料架下方，形成规律性的取料，错误率降低。

车型代码拣选的缺点主要体现在新手上线拣选时，漏拣错误率略高于灯选系统。针对这一问题，可以采用车型拣配确认表，表中主要包括零件代码和对应的照片，以方便新手学习，一周后新手的拣选效率和正确率基本满足生产要求。所以台湾K公司的新厂一直采用车型代码拣选系统，而未采用灯选系统。

下面是根据K公司工厂实际生产现场，对SPS区投料料位和编码规划进行简要介绍。

投放料位的编码规则以如图4-11所示A05C-0703料位号进行具体说明。料架编码规则是以车间内的柱区和库别作为第一段识别码，如A05表示柱区；而C表示A05柱区内的第3个料架区，第二段识别码是料架和料位位置，如07表示料架A05柱区第3个料架区的第7个料架；而03表示第7个料架的第3个料位。

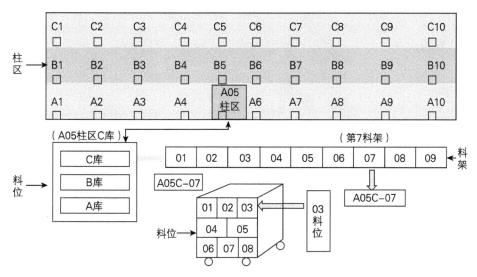

图4-11 拣配料位示意图

采用柱区进行编码的优点是物流人员看到第一段编码时，可立刻知道该走向哪个柱区。料架料位由图中左上方01开始按顺序进行编码，投料者可以快速找到零件投放的具体位置，即料架07的料位03，完成投料任务。

4.1.7 SPS供应区序列看板指示

SPS供应区域的序列看板一般设定如下：

①根据投入工位的工程深度（T/I进线或F/O下线起计算），以台为单位通过看板指示进行拣料。

②看板内容主要包括进线时间、进线管理生产顺序号、车型代码（主 KEY）、车型等，示例见表 4-3。

表 4-3 车型代码指示看板示例

进线时间	进线序号	车型代码
10:00	001001	S01
10:05	001002	G02
10:10	001003	J06
10:15	001004	S19
10:20	001005	G25

③线边投入的安全库存量以 2 台份设定，拣配区的在制及库存量设定 1~3 台份。

4.2 SPS 对生产与物流的改变

SPS 对汽车生产与物流的影响是全方位的，具体如图 4-12 所示。

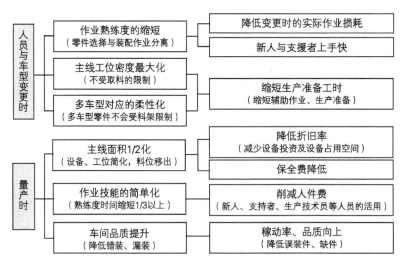

图 4-12 SPS 带给生产线的变化

(1) SPS 有利于生产现场布局优化,减少组装线边物流与料架面积

SPS 实施后,工装设备和分装工位一般集中于单侧摆放,另外一侧用于 SPS 台车的使用,组装线边只有放置 SPS 台车和必要的线边工位。装配作业采用随行小车,用于放置标准件和工具,如图 4-13 所示。因此,组装线边的料架放置区可移出至 SPS 拣配区,减少线边的物流与料架面积。

这样,一方面可以保证布局规划的安全通道要求,同时完善班组园地和员工就近的休息区,以及辅助设备和工具箱摆放,改善多车型混线生产时的大件线边存放干涉的情况。

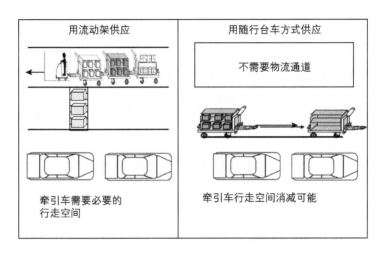

图 4-13 SPS 对生产物流的影响

传统的组装生产线两侧均要求规划 2.5~3m 的最佳空间。采用 SPS 模式后,在 SPS 台车供应侧只需留 1~1.5m 的空间即可,节省 50% 以上的料架面积。

(2) 组装线边分装总成面积和搬运最小化

笔者 2010 年协助某整车厂建制新厂厂内物流时,原来也是考虑采用大物批量 5/10 台,但后来考虑发动机和总装生产线大物零件台车的设计,调整为以 4/8/12 台小批量排序台车方式。中小物零件采用 SPS 供应时,对大物和分装总成也会采用小批量的物流新模式,一般大物会以 4/5/8/10 台的小批供应,组装线

的侧分装总成面积可以缩小 1/3~1/2 的面积。

(3) 提升工位密度,组装生产线长度最短化

组装生产线的长度最短化,设备投资将大幅减少。如图 4-14 所示,多车型混线生产线需要将多车型的零件投入供应,通常需要增加更多的料架,因而容易出现料箱和料架取料超出组装工位段,取料距离增加,还容易造成工位间取料的相互干涉,工位作业时间延长,同时超出总装线工位密度低于2的限制(即一个工位的作业人员不能超过2人)。采用 SPS 方式后,2~4 名作业人员可同时在一个工位(前、后、左、右)进行作业,工位密度均值为 2.5,同时不会发生取料互相干涉的情况。作业密度的增加减少了生产线的工位段(即在制车身减少),车辆上线到装配完成下线的 L/T 也大幅降低,同时整个生产线总长度减少 30% 以上,降低电力/动力等能源消耗,生产车间的物流面积减少,实现组装生产线最小化,如图 4-14 所示。

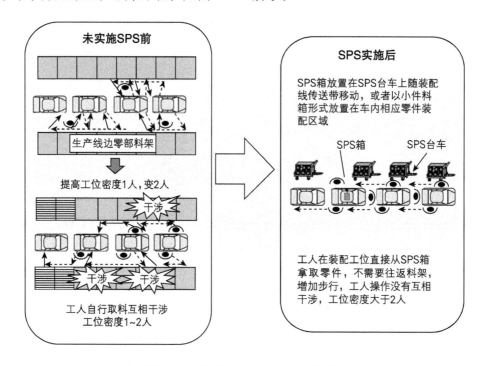

图 4-14　SPS 实施前后的生产线对比

在 T 公司和 K 公司，大物采用 5/10 台的小批量供给。大物根据组装生产顺序排列后，定时定量投送至生产线物流区侧。选择 5/10 台小批量台车的目的在于减少 1 台供应的搬运物流时间。而另一原因是物流投送的时间容易计算，如 1 台的生产时间是 1.5min，那么 10 台批量台车每 15min 配送一次。

（4）中小零件箱投送至拣配区距离和时间的大幅减少

SPS 分拣区一般置于组装线侧（并行供应）或集中于组装线后端，置于后端的优点为中小零件箱投送距离及时间大幅减少，节省投送作业时间可达 50%～60%，也降低了搬运料箱、料架的能源耗费，有效提升物流整体运作效率。

（5）组装和物流作业分离，提高装配效率

组装和物流拣配作业分离，单一内容的组装和拣配作业更有效率，可快速提升作业熟练度，实现标准化作业。组装作业人员的训练时间缩短约 1/3，100% 熟练度达成时间相应减少，而物流作业人员通常一周内即可熟练作业。

此外，SPS 可以有效降低作业人员的劳动强度，提高装配工的装配效率。直接从 SPS 台车内拿取零件，可消除车辆与料架之间的转身、往返、寻找等无效作业内容。装配人员仅需进行零件检查确认，就可以直接进行装配。对于零件拣配人员，可以更加专注与拣配操作。拣配人员可以采用将相同的模组零件放在同一行或同一列的料架布置和目视化，减少步行时间，提高整体拣配效率。因此，SPS 的配料人员拣配作业时间小于传统的装配人员取料时间。

（6）生产线作业品质的安定化

采用 SPS 方式进行零件台套式配送和组装时，可以大幅降低组装过程中多装、错装和漏装的发生概率，有利于产品质量保证和提升。在未采用 SPS 时，装配人员主要根据车型装配规格看板卡进行装配。采用 SPS 后，由配料人员注意车型装配规格看板，而组装人员不用过多区分车型，减少识别、寻找零件的烦琐作业。装配工也可集中注意力装配。此外，在满足生产节拍的前提下，自检与互检的作业内容和时间相应增加，提高装车品质。

(7) 变化应对管理的难度下降

生产线存在各种人、机、料、法、环的变化。SPS 实现作业的单纯化和简单化。例如，当某一工位有人请假需要补位时，作业者容易替补。SPS 可以有效应对人、机、料、法、环的变化，可以降低误品、误装、漏料、欠料紧急送料的发生频次，无形中使生产一线的现场管理更加容易，从而使现场管理的异常应对减少，可全力提升生产效率和组装作业品质。对于多车型混线生产时，SPS 有利于多品种混线生产的零部件供应快速切换。越多车型混线，SPS 的优势越大。

(8) 优化物流配送路线，提高物流效率和及时性

采用 SPS 方式后，零部件配送方式由原来的各工位逐一的多点配送转变为单一的 SPS 拣配区进行拣配零件。生产线边不会存放大量的零部件，有效减少和控制在制库存（生产线边的库存转移到 SPS 区）。SPS 方式将线边零件集中存放在 SPS 区，配送距离缩短，配送满载率提高。同时，SPS 属于一种 JIT 配送，高频次、小批量的配送实现了厂内零部件的精益物流。由于 SPS 减少了零件在生产线的上线点，简化了总装车间的物流线路，进而有效避免物流线路的交叉与冲突。厂内的零部件物流完全在一种一个流的整体系统下进行运转，大大提高物流的效率和及时性。

4.3 总装车间的 SPS 规划

4.3.1 总装车间的 SPS 布局设计

1. 总装车间布局设计方法

总装车间生产与物流的系统运作需要充分考虑生产方式、产能规划、产线工位布局、内物流规模、物流方式等因素，将产品规划、工厂设计、车间仓库布局、制造工艺、物流节点选址、物流运作管理等内容作为一个整体进行系

性规划。

①总装车间厂房建筑物、卸货场周边制约条件，包括场所、流程、车辆行驶路径和周边建筑物等。

②工位数量、生产线设备配置、零件装配位置、物流方式和物流动线等。

③各种物流方式下的零件品种、数量、包装容器、卸货位置等。

④整车厂的生产纲领和混流生产计划方案。

物流规划的具体步骤如下：

①搜集零件物流量、物流面积等计算所需的基础资料，见表4-4。

表4-4 零部件占用面积计算输入要素表

需求数据	数据作用
日生产数量	计算零部件需求数量
零部件类别	大物/中物/小物/标准件的区分
零部件存储方式	料架或地面堆放区分
零部件在库基准	确定物流区最大和最小库存数量
物流供应方式	确定零部件存放方式和存放位置
分车型零部件统计	确定专用件种类
车型生产比例	计算专用件在库数量
零部件外包装尺寸	计算零部件存放面积

②计算物流功能区面积。根据物与信息流程图以及各环节在库基准进行物流参数计算，确定需要布置的零件品种和数量。根据各功能区大小与逻辑关系在图纸上进行实际布置，并结合实际运作流程配置适当的缓存区域，满足信息流传递和作业循环标准化需求。

物流平面布置图的区域划分与布置主要遵循以下主要原则：

a.人、车分流。

b.配送路径短，物流配送频次均衡，物流道路顺畅。

c.货架式样统一。

d.物流成本低。

e. 节省物流面积,提高物流配送效率。

f. 易于管理。

③标记各物流路径的动线,确认动线距离。

④将多种区域规划方案进行对比分析,确定最优方案。

经过上述步骤,制订完成总装车间 SPS 物流布局规划。

2. 总装车间 SPS 布局类型

总装车间组装线常用布局包括 L 形、川形和 T 形三种布局。不同的总装生产线布局,其 SPS 区的布局方式存在差异。

(1) 总装线 L 形布局

为了便于线边的零件管理与供应,总装车间整车装配线围绕物流超市,呈 L 形布局。RDC 线边仓库负责向 SPS 区供应零件。例如,前仪装 T1/T2 线与底盘线/完成线(后仪装线)呈 L 形布置,如图 4-15 所示。为了缩短大件的物流距离,大件供应区(顶篷、地毯、天窗、仪表板等)、分装线位于靠近对应组装线边。SPS 区通常规划在 L 形组装线的中心,这样保证各组装线、RDC 与 SPS 区距离相对较短。

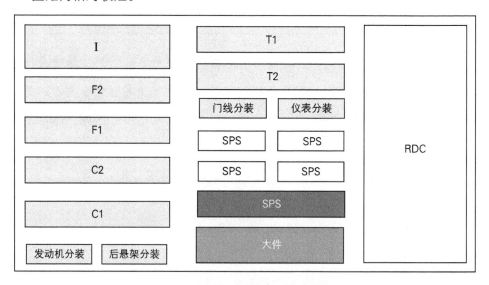

图 4-15 总装车间 L 形生产线及其 SPS 布局

（2）总装线川形布局

川形布局是指总装车间的组装线并行排列。在传统川字形布局中，组装线与零件仓储区一般采用并行布局，由仓储区域向组装线集中供应零件。为了缩短搬运距离，SPS 区的布局要求在组装线附近，一般根据实际情况，采用线边集中布局或线边分散布局，如图 4-16 所示为 SPS 线边集中布局的示例。

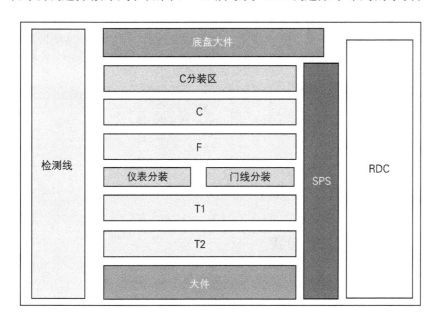

图 4-16　总装车间川形生产线及其 SPS 布局

当大件在组装线上下两侧直接供料，SPS 区可以布置在组装线右侧，在 SPS 区右侧为线边仓库，这样实现直线供料，零件搬运距离短。

（3）总装线 T 形布局

总装车间整车装配线采用 T 形布局如图 4-17 所示。整车装配线由 5 条主线组成，分别是前仪装线 2 条、底盘线 1 条、后仪装线 2 条。分总成装配工段主要包括车门分装、动力总成分装、桥分装、仪表分装等，承担车门总成、动力总成、前轴总成、后轴总成、仪表总成等的分装工作。该总装车间布局的优势在于将入厂物流分流至左右两侧码头，缩短了卸货至库区的搬运距离。同时，物流区域和分装线就近布置在主线两侧，缩短了装配线物流配送距离。

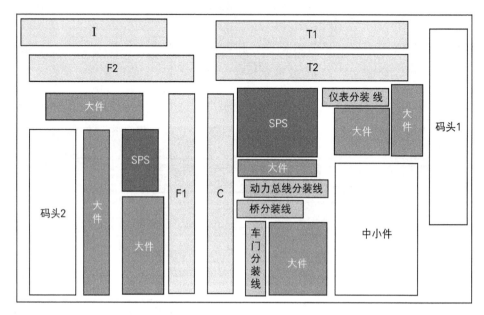

图 4-17 总装车间 T 形生产线及其 SPS 布局

4.3.2 SPS 区设置模式

SPS 物流模式目前已逐步被各大汽车公司所接收。SPS 区设置模式主要包括集中设置和分散设置。

(1) 集中设置模式

如图 4-18 所示，SPS 区集中在装配线前端，零件在码头收货后送至 SPS 区的距离最短。SPS 拣配人员配置和作业组合方面具有一定优势，作业效率较高。SPS 集中设置的主要缺点是 SPS 集货后，搬运至线边的距离较远。在 SPS 拣配成单台份时需要采用 AGV 拉动或采用人工转运台车一回拉动 3~5 台份。

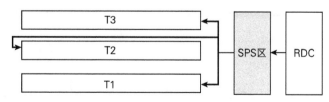

图 4-18 SPS 区集中设置示例

（2）分散设置模式

如图 4-19 所示，SPS 区设置在各装配线边，SPS 拣配完成后直接投送至线边，零件的投送距离短，但是码头收货送至各 SPS 区的距离相对较远，搬运时间长，物流效率低。各 SPS 区分散，SPS 作业人员数量相对较高，整体作业效率低。

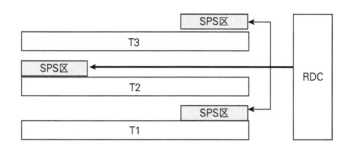

图 4-19　SPS 区分散设置示例

对于新建的整车厂，在工厂规划之初需要将 SPS 物流模式作为一个重要规划因素。SPS 区集中设置模式相比分散设置模式而言，在物流搬运距离、物流操作组合效率和作业人员数量等方面都有优势，所以新建整车厂大部分采用集中设置模式。而分散设置模式往往存在于一些老的整车厂。这些整车厂在建厂之初 SPS 物流概念还未出现，所以并未考虑 SPS 物流设置模式。后期在导入 SPS 物流模式时，由于没有足够的场地进行 SPS 区的集中设置，退而求其次，采用 SPS 分散设置模式。

4.3.3　SPS 区的料架布局设计

SPS 区的料架布局方式主要包括按零件种类和按车型两种。

（1）按零件种类布局

对于 SPS 区的全部车型所对应零件，根据工位或零件种类进行分类摆放，将所有车型的某种零件集中放置到同一区域。如图 4-20 所示，对于 L、M 和 N 三种车型，将同一类型的零件摆放在同一料架区，同一料架同一列摆放同一车型使用的零件。

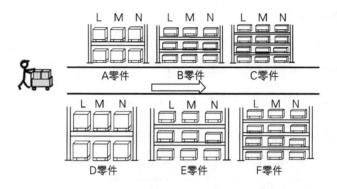

图 4-20 SPS 区按车型零件别的料架布局示例

这种布局有利于零件摆放的料架空间利用率，拣料人员可以作业组合。不足之处在于拣配的走动距离相对较长。此外，当车型换代时，会影响其他车型的料位调整，这时可以采用多车型零件 SPS 集中料架混合放置方式。

根据零件别的 SPS 集中料架混合放置一般采用以下 3 种方式：

①根据车型别进行料架集中放置。

②在同一料架区，根据车型按行横向放置。车型生产比例高的零件放置在料架上面两行，生产比例最低的零件放置在最下面。

③在同一料架区，根据车型按列纵向放置。以车型集中放置的目的是便于车型换代时，料架易于调整。

以图 4-21 为例，S、M、G 和 X 四个车型混合料架零件别放置，具体说明以上 3 种摆放方式。

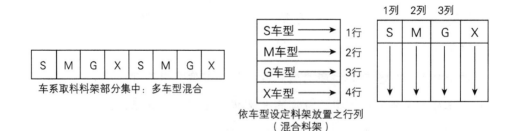

图 4-21 车型零件 SPS 区混合料架示意图

(2) 按车型布局

将 SPS 区中全部车型的零部件根据车型的不同进行区分,将同一车型的零部件摆放至同一区域。这种布局空间相对宽松,料架空间利用率稍低,但是可以有效缩短拣配的步行距离。相对于图 4-21 示例的 3 种车型,按车型排列布局的走动距离只有按零件排列布局的 1/3。此外,车型换代时,集中调整不会影响其他车型零件的料位。

按车型的料架布局包括两种方式,具体如图 4-22 所示。左侧采用串联式布局,右侧采用单独布局。串联式布局的优点是拣配人员可以作业组合,缺点是走动距离长,车型料架变更时会干扰到拣配作业。单独布局的优点是走动距离短,车型料架变更时不会影响到其他车型的拣配作业,缺点是整体的作业组合工时有余数。

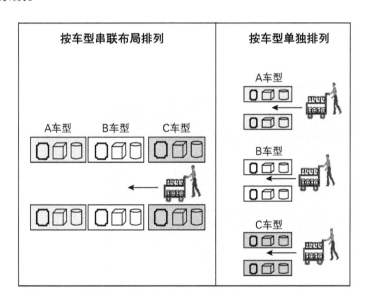

图 4-22 按车型的 SPS 区料架布局

以某公司前仪装线的 SPS 布局和作业模式为例进行具体说明。总装车间 S 车、M 车和 G 车 3 种车型混线生产,车型生产比例是 1:1:2,各自组装工位如图 4-23 所示。SPS 区设置在前仪装线侧,主要根据主生产线来划分零件存放区。例如,前仪装线的零件在一个区,在装配线边选择一块区域作为 SPS 拣料区。由于 G 车型的生产比例较高，因此 G 车型零件摆放在靠近前仪装线的 SPS 前端，其拣配作业采用独立作业，拣配人员单独配置。S 车型零件靠近前仪装线的 SPS 区后端，M 车型零件在中间区域，S 车型与 M 车型的 SPS 拣选采用同一组人员交互作业，因而零件拣配的单次走动距离较长。

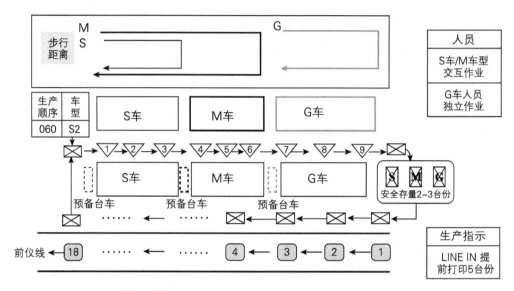

图 4-23 按车型别的 SPS 料架布局

SPS 区的料架摆放方式一般可采用单排式料架布局或双排式料架布局。单排式料架布局只在装配线的一侧布置有料架。拣配时单个台车 1 名作业人员即可完成拣配作业。这种布局的占地面积小，台车单侧取放件，台车设计相对简单，适用于旧的总装线或空间狭窄的物流拣配场。双排式料架布局在 SPS 区两侧都有料架布局。拣配时需要单个台车、2 名以上作业人员完成拣配作业。这种布局适用于空间较大的物流拣配场。双排式台车双侧取放件，因此设计相对复杂。但由于采用 2 人以上同时作业，可大幅缩短零件拣配时间，适合于生产节拍较高的组装线。

4.3.4 总装车间 SPS 应用案例

某整车厂根据总装车间的物料管理实际需求与物流布局规划，在导入 SPS 模式时，采用多种 SPS 布局与运作模式，具体介绍如下。

（1）线边 SPS 区单侧料架的零件供应方式

考虑到前仪装线 SPS 区距离物流受入区太远，无法实施集中式 SPS 拣料，因此在装配线边单侧设置单排 SPS 料架进行线边单侧区域拣料。拣料人员根据车型别零件拣料看板进行拣料，拣配料盒拣完后放入滚轮台车内。拣料人员从前面工位拣料至最后工位完成 SPS 拣配。滚轮台车将 SPS 投送料箱投入装配线边，同时取回空料箱。由于所有的零件料箱仍需搬至装配线边，无法减少零件搬运物流工时，只是减少了装配作业的取料工时。前仪装线线边单侧 SPS 运作如图 4-24 所示。

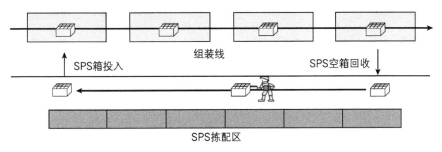

图 4-24　线边单侧 SPS 运作示意图

线边 SPS 供应指示逻辑如图 4-25 所示。考虑到线边投入安全库量为 2 台（④和⑤），SPS 拣配区有 1~3 台份的零件用量正在拣配，一般采用零件投入工位的工程深度加 5 台的原则，每次 5 台份进行看板指示。

图 4-25　线边单侧 SPS 供应指示逻辑

（2）线边 SPS 区双侧料架的零件供应方式

后仪装线 SPS 类型采用线边 SPS 区双侧料架的零件供应方式，如图 4-26 所示。

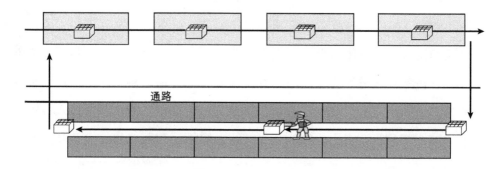

图 4-26　线边双侧 SPS 区运作示意图

SPS 拣料区采用两列料架横向放置,中间通道用于拣料,SPS 区外侧通道用于零部件投入 SPS。移动拣料台车经过 SPS 拣料区时,SPS 拣配人员根据上线车型数据将对应的零件放置在移动台车的专用位置上。一般采用一物一位,避免放错或漏放零件,保证零件的准确性。

当移动台车运行到生产线边后,通过固定、移动链、输送带等方式保证与主线同步运行。组装工人可直接在台车上拿取零件;也可以采用料盒形式,将几种零件放置在一个料盒内,从台车上取下放置在相关的操作区域,后续工位可以直接在操作区域取到零件,装配完零件的台车将返回拣料区,进行下一循环。

(3)生产线边吊挂滑轮式 SPS 台车方式

公司为了降低生产成本,考虑采用 SPS 无人搬运方式。具体做法是采用如图 4-27 所示的组装线侧滑轨吊挂 SPS 台车,以定时启动自动推杆方式推动生产线边 SPS 台车。组装线上每一台的作业周期完成后,自动从 SPS 区移入一台 SPS 吊挂台车,并以推杆方式自动推进一个车位,实现与组装线同步零件供应。在组装线的后端,空的 SPS 吊挂台车自动移至 SPS 区前端,放在移动台车上。SPS 拣配人员推动台车开始拣料。

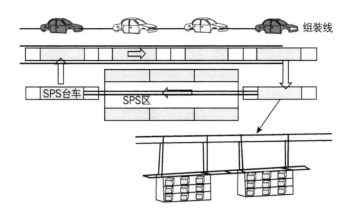

图 4-27 SPS 区与吊挂滑轮式 SPS 台车运作示意图

(4) 随行 SPS 台车方式的精益化

公司进行广州新厂规划时,参考了前期 SPS 实施经验,将 SPS 拣配区进行区域集中规划。此外,总装车间布局规划考虑到大量生产的因素,装配线仅规划单侧运行 SPS,另外一侧供自动化设备、控制电箱、小分装线以及大物系列台车送料使用。因此,将左右两边的 SPS 台车改为单侧投入,每一空车身的右侧同时摆放左/右 SPS 台车,SPS 台车随空车身承载板块移动,具体如图 4-28 所示。

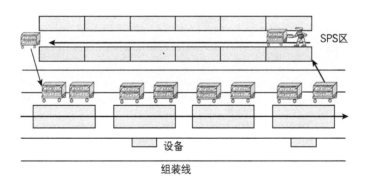

图 4-28 SPS 区与随行 SPS 台车运作示意图

内饰线每一个工位左侧前后配置 2 个随行台车,采用颜色区别左右工位,第 1 个 SPS 台车采用蓝色,第 2 个 SPS 台车采用绿色,两个台车由内饰板块连接带动。内饰 1 线转内饰 2 线时,2 个台车全部并入地板(滑板)中,具体如

图4-29所示。

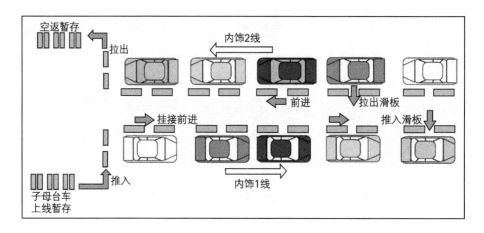

图4-29 内饰1线/2线合并SPS子母台车随行运作方式

在后续自动化设备技改过程中，采用AGV实现了SPS台车的无人自动送料方式，如图4-30所示。

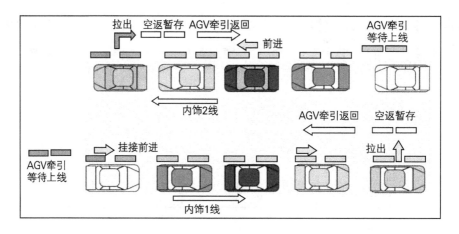

图4-30 内饰线独立SPS台车AGV拉动送线方式

SPS区在生产线后侧，SPS区拣配完成后，采用子母台车一次拉动3台份（6个子车），由物流人员运送到各装配线前端。将子车依序卸下进入排序区，同时到装配线末端将已用完的6台空的子车推进母车，带回SPS区，进行下一轮拣配。假设组装生产节拍为2min，SPS台车物流节拍则为6min。由组装工人将子车依序推进装配板块,在车身侧前后各摆1台子车,左右工位的装配工人一般根据装配工位顺序,各自取用对应的子车 SPS 箱中的零件。在装配线的后端 SPS 子车内所有箱内零件装配完成后,由组装工人将空的子车推出。

(5) 商用车与乘用车多车型混线 SPS 导入案例

公司同时导入商用车与乘用车混线生产,总装车间的具体布局与 SPS 运作模式如图 4-31 所示。

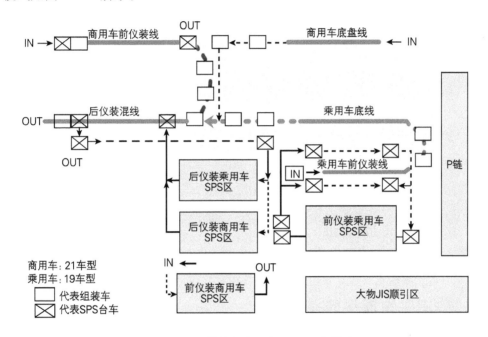

图 4-31　总装车间布局与 SPS 运作模式

对于乘用车和商用车,前仪装线和底盘线是各自独立生产,后仪装线与测试线采用共线生产。SPS 区根据车型别各自独立设置在一块集中区域。由于乘用车的生产计划量较大,SPS 区设置靠近组装线。前仪装 SPS 区设在前仪装线边,SPS 区的后方靠近受入场,搬运距离较短。

乘用车 SPS 台车和商用车的后仪装 SPS 台车采用 AGV 拉动。商用车的前仪装线由于距离 SPS 区较远,采用电动牵引车拉动商用车 SPS 台车。乘用车 SPS 台车在前仪装线采用两侧 SPS 台车供应方式。中小物的 SPS 左右台车拣配完成后，由 AGV 牵引至装配线两侧自动投入。AGV 脱离台车后，向前移动至组装产线后端，将后端的空台车牵引至 SPS 区的前端入口，再进行新的拣配作业，具体运作可参考图 4-26。

对于后仪装线，SPS 区位于后仪装线的左后方，SPS 区的左后侧靠近物流的受入场，较原来送至装配线边的物流搬运距离缩短一半。后仪装 SPS 台车同样采用 AGV 自动牵引 SPS 台车的方式。因此，利用后仪装线两个空车身之间的间隙摆放 n 型台车，把左右装配的零件分别对应摆放在台车的左右侧，随传送带一起移动，具体运作如图 4-32 所示。

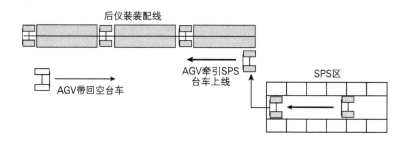

图 4-32 后仪装线 SPS 运作模式

4.4 总装 SPS 物流运作流程

4.4.1 SPS 物流的作业流程

SPS 是一种先进的零件配送方式，其厂内物流一般模式如图 4-33 所示。

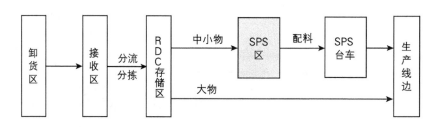

图 4-33 SPS 厂内物流一般模式

SPS物流的作业流程主要包括订货、入库、存储、拣选和出库5个环节，拣选是其中的核心环节。

(1) 订货

SPS拣选环节采用自动订货系统。为了保证拣选环节各零部件库存变化和总装线节拍变化一致，订货系统通过对SPS区和组装生产线的关键点进行数据采集和处理分析，确定订货点、最大库存和安全库存等。订货系统向上游供应商发出电子订单，以确保所需零部件JIT供应。

(2) 入库

零部件供应商粘贴零部件和物流的条码标签，零部件验收人员对入库零部件进行检查，确定零部件的质量、数量、品名等符合要求，并按照ABC分类法和检验抽样比例做质量检查，合格零部件入库后，自动订货系统维护零部件的在库信息。

(3) 存储

合格零部件入库后，根据定址定位原则划分储位，零部件存储的过程中采取自动化存储和人工作业相结合的方式，确定库存零部件和标签、存储区域、货架、货位等的符合性。

(4) 拣选

作为SPS系统最核心的组成部分，拣选环节的作业质量和效率决定整个系统运作效能。在拣选过程中，拣选作业要确保所有零部件和拣选单的匹配性。作业人员以总装生产节拍为基础，根据拣选单在SPS台车左右两侧拣选，并对装载零部件的器具进行扫描，将供货信息传递到自动订货系统，以确保零部件配送的连续性。

(5) 出库

由于SPS台车的顺序在拣选之前已经提前确定，即SPS台车与总装线的空车身管理号一一对应，对SPS台车上线时间的控制成为出库作业的关键。

4.4.2 SPS区零件拣配方式

根据一定的指示要求,SPS区拣配人员负责将所需的零部件拣配至对应台车。SPS区的拣配方式一般包括车型代码拣配、电子灯选指示系统和车型零件拣配表三种方式。车型代码拣配可参考本书4.1.6所述,这里不再赘述。以下主要介绍其他两种方式。

1. 车型零件拣配表

基于车型零件拣配表的SPS运作模式如图4-34所示。MES在车辆排序点采集车辆配置信息,通过整车BOM确定随行配料信息,发布配料单至相应的SPS拣配区。拣料人员根据打印的SPS配料单分拣零件至随行SPS台车,并按照生产序列排序配送上线。SPS台车随整车一起在组装线上流转,保证各工位工艺的正常安装。在车辆完成装配后,再将SPS空台车返回SPS拣配区。

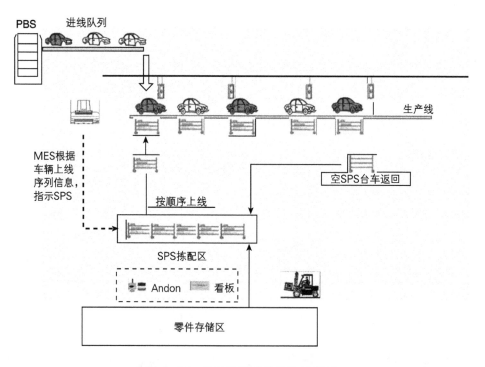

图4-34 SPS拣配清单运作示意图

SPS 拣配清单指示方式的运作成本相对较低，但是这种方式增加了拣配人员的确认工作量。拣配人员作业时需要注意力高度集中，否则容易出现错误。因此在拣配完成后，增加再次核对拣选零件清单的流程。

车型零件清单拣配表需要在 SPS 区安装打印机。拣配人员根据指示打印票来进行零件拣选作业，指示打印票的拣取顺序与货架顺序相同，拣配人员仅需要单向移动（没有任何不必要的动作），通过用笔画打钩的形式或条码扫描方式进行确认。采用条码扫描方式时，在料架上每拣取 1 个零部件都要求扫描 EU 箱看板的条形码，这样可以确保零部件无差错，并实现零部件的可追溯，确保整车质量。

基于 MES 的 SPS 清单拣料业务需要实现 SPS 小车控制管理、条码扫描、库存管理系统的交互、BOM 传输等。具体的系统业务流程如图 4-35 所示。

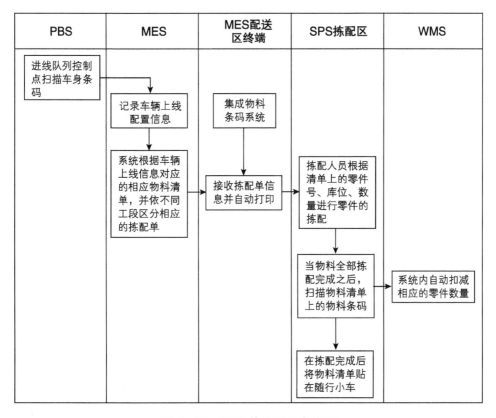

图 4-35　MES 的 SPS 业务流程

①MES 采集从 PBS 出来的空车身上线到前仪装线 T1 的信息。当每辆车通过扫描点后，根据车辆 BOM 确定并定时发布该车辆的零件拣配清单。

②零件拣配清单上需要具有可以扫描的条码。

③SPS 拣配人员手持纸质零件拣配清单，根据零件清单内的信息在 SPS 区进行拣配作业。

④零件拣配完成并核查无误后，拣配人员用无线扫描枪扫描清单上的条码标签，完成相应的移库操作。

⑤拣配人员完成配料后，将零件拣配清单贴在随行 SPS 台车或 SPS 料盒上。

⑥SPS 台车跟随导轨自动上线匹配。

2. 电子灯选指示系统

大部分整车厂目前采用电子灯选指示系统。SPS 拣配人员根据系统指示灯的提示进行零件拣选后，并按下对应指示灯的开关按钮，零件拣选状态自动反馈给系统，由系统判断零件正确性。指示灯熄灭则代表零件拣选作业的完成。当 SPS 台车拣配作业结束后，系统自动指示下一辆 SPS 台车。如果拣配人员在拣配作业过程中出现差错，系统会自动报警。

电子灯选指示系统的优点包括：

①作业员根据亮灯拣料，取完料以后按下按钮关灯，具有较强的系统防错能力。作业员严格按照规定作业，漏拣错误率极低。

②拣配清单需要根据代码辨识料架行列和料位，判断拣配零部件是否在代码识别区间内。而灯选系统则较为简单，亮灯取料即可，拣配效率高。

电子灯选指示系统的主要不足在于：

①电子灯选指示系统需要具备一定软硬件基础，系统和识别信号灯的成本高，初期的资金投入较大。

②工位变更或料位变更时，需要 IT 系统工程师协助修改系统程序，系统调整成本较高。

③人工拣配作业通常采用单手取料，灯选时存在无效的按灯动作，增加拣

配工时，影响拣配效率。针对这一问题，目前可以采用语音方式予以解决。使用耳机下达指示，通知拣配人员待拣选的料位和数量信息等，但语音系统无法对拣选正确性进行系统验证。

SPS 电子灯选指示系统主要由服务器、带指示灯的拨触开关、PLC 等组成。对于 SPS 拣配区的零件料架，零部件的位置与指示灯一一对应。根据上位 MES 提供的数据和灯选系统设定的指示条件，灯选系统的服务器自动生成数据信息，进而控制料架上对应零件指示灯的明灭。其业务流程如下：

①SPS 空料车进入 SPS 拣配区，MES 打印零件拣配清单，拣配人员核对零件拣配清单。

②拣配人员按照零件拣配清单开始拣配。

③电子灯选系统亮灯，拣配人员根据亮灯和显示数量信息配料。

④配料结束，扫描零件拣配清单上的车号信息条码，进行系统确认。

⑤SPS 台车配料完成，人工运行至 SPS 待发区。

⑥AGV 牵引 SPS 台车至组装线起始工位。

⑦组装工人将 SPS 台车运行上线。

⑧SPS 台车随线运行，各组装工位依序拿取零件进行组装。

⑨SPS 空台车下线，自动将空台车运行至待发区。

⑩AGV 牵引 SPS 空台车至 SPS 区，进入下一拣配循环。

4.4.3 SPS 物流规划的步骤

SPS 物流规划的导入步骤主要包括：

(1) 制订导入进度计划

SPS 导入进度计划包括项目工作任务，明确规定每项工作对应负责人、所属部门、相关联负责人及其所在部门、项目节点、预期目标等。导入进度计划是项目推进的手段，通过对项目跟踪、评价使项目正常进行，同时对造成项目拖期的任务子项采取补救措施。

(2) 设定零件相关物流 SPS-BOM 信息

SPS-BOM 主要包括零件号、零件代码、零件名称、车型用量、包装收容数、设计变更信息、工位、料位、箱位、料箱类别等信息。在 MES 中进行 SPS-BOM 的创建与维护。建立准确、详尽的数据库是后续计算各环节物流面积、配货和发货人员、车辆和 SPS 容器数量的前提。

(3) SPS 方式确认

根据整车厂供应链的策略，以及总装车间的整体布局确定 SPS 整体方案，包括 SPS 零部件清单、SPS 区域规划和 SPS 供应方式等。

(4) 生产线配送方式确认

根据不同的 SPS 运行流程和配送方式，确定信息传递方式，测算人员、料架料盒数量、SPS 台车数量、牵引车数量、AGV 数量、SPS 区面积和规划 SPS 物流动线，确定 SPS 生产线配送循环周期等。

(5) SPS 细部规划

如图 4-36 所示，在设计 SPS 料盒与台车时，需要对 SPS 零件进行单元化的系统分析。

a) SPS料盒　　　　　　b) SPS台车

图 4-36　SPS 物流装置示意图

①台车内的零件一般分为料盒件与特殊件两类。

②台车结构按其零件摆放分为常规零件型与特殊零件型。

③料盒零件以工位为基本单位，通过料盒实现零件的区隔保护。

④特殊零件参考组装工艺的取件次序进行相应摆放。

⑤台车内零件摆放于待组装位置周围。

⑥零件的摆放需要考虑人因工程的因素。

SPS 区的料架设计需要考虑两种情况：一是工位发生变更，SPS 零件组合保持不变；二是根据工位变更，SPS 零件组合要发生改变。料架设计时需要计算零件安全库存和 SPS 区的最大库存。在此基础上，收集准确的零件包装规格、SNP、单车用量等 PFEP 数据。考虑积载率因素，先按照工程分区域，然后按零件进行料架排列，根据零件和包装特点有针对性地进行料架设计。

(6) SPS 信息指示系统设计

信息指示是指示物流作业的一种信息表达方式，包括零件配货指示、配货作业节拍指示、向生产线配送指示等。

选择 SPS 零件配送方式时，需要保证 SPS 区所配送的零件与生产线上的车型和配置相对应，即确保所选择的零件与装配的车辆类型对应，这就需要 SPS 物流信息系统提供技术支持和信息保障。MES 可以实现 SPS 区的作业指示和车型序列的 SPS 及时供应，SPS 区对零件实施拣配，并按照一定的次序将台车送至线边，保持与生产线生产车型的一致性。

如图 4-37 所示，SPS 拣配人员根据零件拣配清单进行拣配，零件拣配清单写明拣配零件，拣配人员按倒数节拍进行配货，物流配送人员根据节拍灯指示进行配送。

a) SPS 配货指示单　　b) SPS 拣配时间进度信息　　c) SPS 台车向生产线供应指示灯

图 4-37　SPS 信息指示方式

(7) 制订标准作业

实现 SPS 物流作业标准化的方式主要采用目视化和信息技术来进行，确定作业参数，制订标准作业。

在完成上述系统性规划后，进行必要的设备准备、人员培训和试运行后，即可开展 SPS 物流的正式导入运行。

第5章 发动机智能生产与同步物流系统规划

5.1 发动机的制造工艺

发动机是汽车的核心功能部件，缸体和缸盖是发动机最核心的关键件。发动机的制造过程主要由机加工、装配、检测三大工艺组成。整车厂的发动机车间一般由机加工线和装配线构成。

机加工主要采用高精度的数控机床和加工中心，将金属毛坯件通过切削加工等方式加工成缸体、缸盖、曲轴零件。机加工生产线的物流系统一般由原材料入库、存储、出库、上下料装置和机床间的工件传输装置等组成。机加工通常按照周/月滚动计划组织生产，加工完成的缸盖、缸体和曲轴放在完成品暂存区，完成品库存一般设定为3~5天。

发动机装配线是一个比较复杂精密的混流装配流水线工艺过程，可同时组装多种型号的发动机。发动机装配线一般分为分装线、装配主线、冷试区、热试区、返修区等区域。分装线包括活塞连杆分装线、缸盖分装线等。装配车间最主要的工位是装配和拧紧工位。工位类型一般又分为自动工位、半自动工位、手动工位、测试工位和返修工位等。

装配线的生产设备种类较多，如各种拧紧机、拧松机、翻转机、移载机、涂胶机、气门拍打机等。发动机在装配主线和分装线的输送多采用摩擦轮输送线，发动机放置在有特定支架的托盘上，发动机的整个装配过程都是在托盘上进行，托盘通过线体的辊筒带动实现工位间的产品流动。发动机在每个工位的装配过程中处于静止状态，当某一工位的装配任务完成后，由停止器放行至下一工位。

发动机装配完成进入完成品性能检测区。检测合格的发动机进入待出货区。根据总装 MES 同步指示排序交货到整车厂的总装车间，距离较近时，一般采用牵引车牵引进行交货，距离较远则采用物流车辆配送至总装车间。

5.2 发动机车间的 MES

发动机车间 MES 的主要功能包括：

（1）计划/订单管理

计划与订单管理主要包括从上层 ERP 系统接收生产计划/订单和装配 BOM、订单分解与下发、计划与订单状态跟踪、完工汇报等管理工作。零件的加工线是由 ERP 系统下发周滚动订单，装配线是由 MES 根据总装进线顺序下发同步生产指示。

生产计划的制订一般包括 4 个步骤：

①收集生产计划所需的参数信息和生产信息。

②拟订优化计划方案。设定关键绩效指标（Key Performance Indicator，KPI）。确定各项生产计划指标，包括产量指标、质量指标、设备故障指标、品种搭配、出厂进度安排等。

③编制月/周计划，做好生产计划的均衡工作。主要是生产指标与生产能力的均衡；测算工厂主要生产设备和生产面积对生产任务的保证程度；生产任务与人力、零件/资材供应、能源、生产技术准备能力之间的均衡；生产指标与资金、成本、利润等指标之间的均衡。

④设定在制品/完成品/测试区的合理库存。

（2）自动识别与跟踪

发动机自动识别技术主要包括高频 RFID 标签、螺钉 RFID 标签和金属二维码等。

①高频 RFID 标签。主要应用于发动机装配线的托盘上。产品主数据、上线日期、BOM、作业指令、装配数据、追溯数据、维修记录等都存储在标签上。发动机缸体的 RFID 读写流程如图 5-1 所示。装配线各工位都安装 RFID 读写器，实现 PLC 与 RFID 的实时通信。MES 通过 OPC 实现与 PLC 的实时通信，系统可以在每个工位实时识别产品，从而实现在每个装配工位的装配参数下发和生产数据上传。此外，通过 RFID 标签可以跟踪发动机装配进线顺序和监控具体发动机的装配过程。

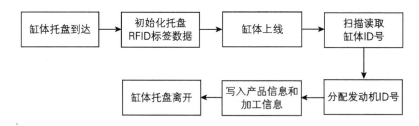

图 5-1　发动机缸体 RFID 读写流程

②螺钉 RFID 标签。RFID 标签封装了螺钉和存储芯片，安装在专门设计的固定孔上。机加工车间的缸体、缸盖、离壳、变壳等加工件由桁架机械手在不同工位间移动，因此可以通过螺钉 RFID 标签固定在加工件上，并始终随加工件一起进行工序流转。

③金属二维码。在缸体线、缸盖线和曲轴线等机加工线可以采用激光打标机（Direct Part Mark，DPM）在工件上直接打印二维码（包括零部件标识码、零部件号码、供应商代码和零部件序号等信息）。再通过二维码扫描装置，借助于 MES 的数据采集和上传通道，由检测设备绑定工件的二维码及测量数据，上传至 MES。缸体、缸盖和曲轴进入发动机装配线后，通过上线扫描二维码进行总成匹配，确保装配正确。

(3) 质量与物料 Andon 系统

通过质量 Andon 系统,当工位发生质量问题或设备故障等情况时,生产人员触发 Andon 呼叫,响起警示音乐,Andon 显示呼叫信息及呼叫工位,班组长、维护人员及时到场解决问题,降低故障率,提高生产效率和质量。通过物料 Andon,生产人员在缺料的情况下及时通知仓库补料,送料人员通过 Andon 提示信息进行送料。

(4) 设备接口及数据采集

MES 需要对设备进行联网,对每种设备定义数据接口方式。通过如图 5-2 所示的车间级数据采集点,采集设备的运行状态信息(如运行、停机、报警、故障、维护等)、产品信息(如订单号、工单号、发动机号、产品型号、缸体型号、缸盖型号、活塞连杆型号等)、加工信息(如工位的加工状态信息、合格状态信息等)、工具信息(如托盘号、托盘区域号、是否上线等)、测量数据(如试漏等)等。设备接口主要包括 PLC 接口、RFID 接口、扫描站接口、电枪及拧紧机接口、泄漏测试仪、测量机、打号机等设备接口。

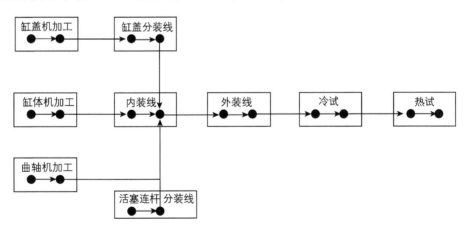

图 5-2 发动机车间数据采集点示例

(5) 生产过程监控

通过 PMC 系统对车间设备进行实时监控,在第一时间将底层设备的必要信息显示在服务器和工作站上,现场管理人员可以实时、准确掌握生产线的生产进度,以及各条机运链、操作工位、关键设备的运行状态和运行参数等,如设备状态、故障信息、停机时间等，以便快速通知相关人员解决问题，从而达到减少停线时间，提高生产效率的目的。

（6）装配防错

装配防错主要包括工艺参数防错和零件装配防错。

①工艺参数防错。MES将实时采集的装配数据（如拧紧机拧紧力矩）与系统预定义的标准合格工艺参数进行匹配，当系统发现装配数据不符合工艺要求时则进行系统报警。

②零件装配防错。关键零部件贴有条码，在装配时需要扫描条码，MES获得零部件信息后与系统BOM进行匹配，当零件的型号、批次等信息不符合装配工艺要求时，系统发出报警提示信息。由于具体零部件信息已与发动机号系统绑定，MES判断零部件与发动机机型是否匹配。同时，系统中还可以设置某些批次的零部件禁用，系统自动判断避免装配被拒绝的零部件批次。此外，系统还可以生成关键零部件的使用报表，记录关键零部件的使用数量。

（7）质量管理与质量追溯

MES将采集到的发动机质量数据与发动机号进行绑定，建立产品质量档案，便于当发现质量问题时进行追溯与召回。质量追溯信息包括发动机的装配历史记录，如零部件供应商、批次、装配时间、装配工位及人员等信息。通过对关键工艺参数进行SPC质量统计与分析，采用各种SPC图表反映工艺参数的质量过程控制，自动生成质量问题报告。

在装配线关键工位和下线点设置质量检查工位。MES通过自动判断或质检人员手动录入，统计装配不合格的质量问题，并自动根据返修流程将发动机流转到返修区，返修后自动流转到指定工位上线。MES自动记录返修信息，并作为产品档案信息与发动机绑定，存储在相关系统数据库。

（8）设备效率与停机管理

MES中自动记录各种生产事件，建立停机原因树。系统可以根据停机原因、班次计算停机时间；计算OEE等设备效率指标；分析KPI关键指标，并提供各种图表分析工具，用于发现生产瓶颈，提高生产线运行效率。

(9) 物料配送管理

装配线的物料配送采用同步拉动方式，需要及时将发动机装配所需的零件配送到相应的工位。大物供应采用大物台车 JIT 方式；中小物供应采用 SPS 台套方式；标准件供应采用看板拉动方式。MES 实时统计线边的零件消耗，及时下达补料信息，并将零件线边库存信息与 WMS 和 ERP 系统集成。

发动机装配线主要工程对应的 MES 功能见表 5-1。

表 5-1 发动机装配线 MES 功能表

序号	发动机工程名称	功能模块	实绩收集
1	ENGINE IN(E/I)	投入计划生成 生产指示 实绩收集 生产电子看板	○
2	ENGINE OUT(E/O)	实绩收集 生产电子看板	○
3	Offline 查询	下线实绩查询	
4	EGS(ENGINE STORAGE)	发动机安全库存管控	
5	PBS (L/S)同步指示单	同步发动机送料指示	
6	EG/SPS	SPS 物料拣配指示	

5.3 总装 MES 对发动机车间装配线同步生产指示

以某整车厂的发动机车间为例，整车厂年产量规划 6 万台，T/T 为 4min。发动机车间机加工生产线的生产计划是根据整车厂焊装与涂装车间的周/日进线生产计划进行制订。发动机分装线和装配线的日进线计划是根据整车厂总装车间的日进线顺序计划来制订。根据整车厂总装线变速器和发动机分装线的进线工程深度由后向前排产，通过 MES 进行同步拉动生产，工程深度与同步指示逻辑如图 5-3 所示。

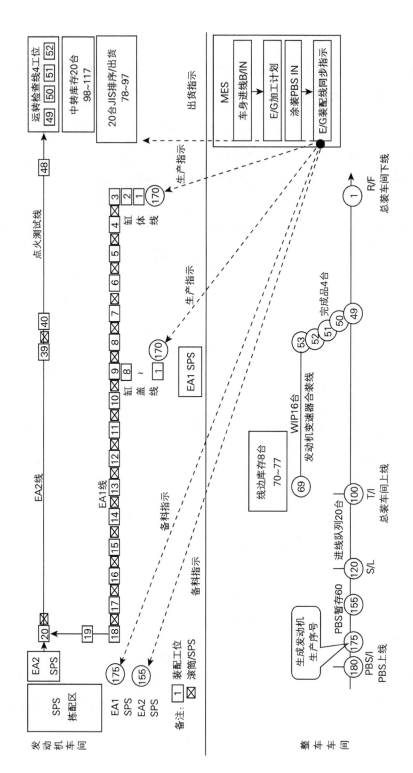

图5-3 发动机生产指示深度

如图 5-3 所示，整车厂总装车间装配线从整车下线倒数第 49 工位是动力总成合装工位。合装前的动力总成库存为 4 台，需发动机 4 台。发动机变速器合装线的工位数为 16，需发动机 16 台。合装线边待组装的发动机完成品库存为 8 台。发动机完成品从发动机车间至总装车间的在途量设定为 20 台。发动机车间的完成品库存设定为 20 台。热测试检查线的工位数是 4，需发动机 4 台，发动机装配线由 EA1 线和 EA2 线组成，工位数合计 48。

因此发动机的工程深度为：49 + 4 + 16 + 8 + 20 + 20 + 4 + 48 = 169。缸体/缸盖的进线装配指示为第 170 工程深度，即根据总装第 170 辆的装配计划同步指示发动机组装。

发动机车间的 MES 提前 5 台打印 SPS 零件拣配清单，指示发动机 EA1 组装线 SPS 区进行拣配，EA1 线的 SPS 拣配区的工程深度为 175。EA1 线到 EA2 线的 WIP 设定为 20，故 EA2 线的 SPS 拣配区拣料进线的工程深度为：175 - 20 = 155。

总装车间 T/I 上线工程深度为 100，T/I 进线前的排序线库存 20 台，PBS 区库存 60 台，PBS 进线点的工程深度为：100 + 20 + 60 = 180 > 175。因此，可以将 PBS 进线点作为发动机车间 SPS 拣配的工程深度，满足同步生产指示要求。

PBS 区的入口控制点（PBS In）采集到涂装车间涂装完成合格车的详细信息后，将信息通过 MES 发送到发动机车间，发动机车间同步制订发动机进线装配计划，确保进入 PBS 区的合格空车身都有对应发动机供应。

5.3.1　发动机同步生产计划

如前所述，总装车间 MES 根据涂装车间 PBS 区 P/I 投入点（即涂装完成合格车进入 PBS 区的控制点）同步产生发动机装配线的进线指示。发动机车间 MES 的计划模块自动生成发动机装配线的顺序生产计划，下发到车间生产现场组织生产。发动机组装线采用条码扫描或 RFID 方式进行实绩采集，MES 根据生产进度下达后续生产指示，系统的工作原理如图 5-4 所示。

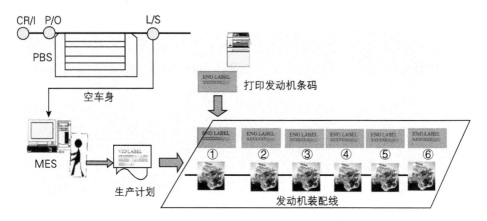

图 5-4　总装车间与发动机车间的生产同步指示系统原理

发动机车间装配线的零件同步供应方式如图 5-5 所示。

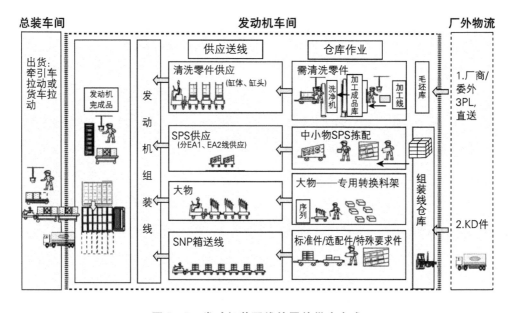

图 5-5　发动机装配线的零件供应方式

①缸体、缸盖、下曲轴箱等大物采用专用台车序列，每次按 4/8 台开展配送。对于选配件采用排序台车。在 SPS 区入口进行有料 SPS 台车与空 SPS 台车交换。

②中小物采用 SPS 配送，见表 5-2。发动机组装线分为 EA1 和 EA2 两

段。在两线周边对应设置 SPS 区。SPS 区按台同步拣配，采用 SPS 专用台车送线。

表 5-2 发动机组装的中小物 SPS 物流方式

发动机装配线	SPS 拣配方式	SPS 送线方式
EA1	拣配料架 + 料盒	AGV 牵引台车往返
EA2	拣配料架 + 动力辊筒线 + SPS 专用料架	移载台车自动送线 AGV 牵引空台车

③标准件、选配件和特殊要求件等采用看板拉动，按标准包装送线，线边设置料架。

5.3.2　发动机车间对总装的成品同步交货指示

MES 提供同步指示单，发动机车间依此将对应发动机送至总装车间。如图 5-6 所示，由于发动机车间与总装车间较近，可采用牵引车进行配送。总装线发动机和变速器组合后，送总装线上线点的工程深度为 49，发动机/变速器分装线有 15 个工位，线边库存是 10 台，在途出货指示量为 20 台，所以备料出货点的工程指示深度为：49 + 15 + 10 + 20 = 94。

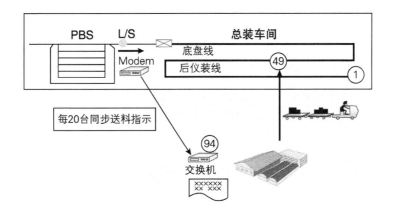

图 5-6　发动机成品的同步拉动方式

5.4 发动机组装的 SPS 应用案例

某发动机车间的布局如图 5-7 所示。其中，装配线物流区分为大物库区、中小物库区及标准件库区。

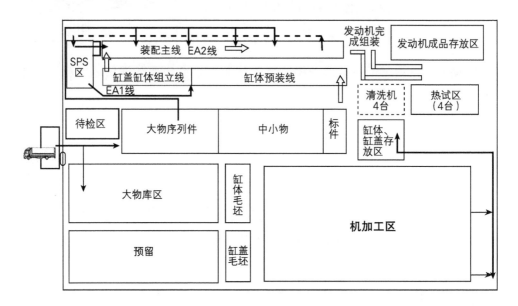

图 5-7 发动机车间生产布局图

（1）大物 SPS

大物采用台车序列或看板方式投线。由于采用 4/8 台排序上线，大物厂商的盛具太大，需要使用排序转换料架定时定量切换上线。其中，大物 SPS 转换料架包括缸体总成料架、缸盖总成料架、发动机总成托盘、油底壳转换料盒、EGI 线束转换料架、进气歧管转换料架、油底壳转换料架等。

（2）中小物 SPS

中小物在 SPS 区进行拣配后，投入发动机装配 EA1 缸盖/缸体线和 EA2 装配主线的前端。EA1 线的零件较少，采用料箱式 SPS，随行在发动机缸盖/缸体装配台车后方投入。EA2 线的 SPS 台车在拣配区入口处由自动装置线搭载投入。发动机 SPS 实现方式见表 5-3。

表 5-3 发动机 SPS 实现方式

项目	SPS 台车说明
SPS 上线自动连接搭载设备和上线辊筒输送线	自动连接搭载设备搭载 SPS 台车从等待上线辊筒输送线自动送 SPS 台车上线,SPS 作业人员推进辊筒进线排序等待,线上有 5 台 SPS 完成品
SPS 台车	发动机车间拣配 SPS 台车,每工位一台随线 SPS 台车,安全区 5 台,拣配作业区 2 台;下线区台车返回 5 台空台车
SPS 下线辊筒输送线/AGV 自动拉回	发动机总成下线专用辊筒输送线,AGV 每 5 台自动拉回空 SPS 台车

例如,某发动机组装第 6 工位和第 7 工位的 SPS 单台用量清单见表 5-4。

表 5-4 发动机 SPS 单台用量料表

工站	零件编号	零件名称	各车型单台用量		
			1.8L	2.0L	2.4L
6	11023100	变速器定位销	2	2	2
6	11006100	机油冷却器油管	1	1	1
6	11008100	机油冷却器双头螺栓	1	1	1
6	11009100	机油冷却器双头螺栓垫片	1	1	1
6	13522100	前盖隔板	1	1	1
6	15210SE100	机油冷却器	1	1	1
6	21010SE100	水泵总成	1	1	1
6	21023101	机油冷却器水管总成	1	1	1
6	93000100	机油冷却器水管总成管夹(左)	2	2	2
6	94000100	机油冷却器水管总成管夹(右)	2	2	2
7	11016100	发动机脚支架双头螺栓	2	2	2
7	11024SE100	发动机脚支架	1	1	1
7	14341SE100	水泵传动带轮	1	1	1
7	15208SE100	机油滤清器	1	1	1

(续)

工站	零件编号	零件名称	各车型单台用量		
			1.8L	2.0L	2.4L
7	12303100	曲轴皮带轮	1	1	1
7	12309100	皮带轮螺栓	1	1	1
7	11141SE100	机油尺导管	1	1	1
7	14002101	进气歧管垫片	4	4	4
7	14003SE100	进气歧管支架	1	1	1
7	14018100	节气阀支架	1	1	1
7	14326100	电子节气门垫片	2	2	2
7	14327101	电子节气门	1	1	1

发动机SPS区料架根据线别和工位装配顺序依序排列，如图5-8所示。料位看板信息包括件号、件名、用量、厂商名与零件照片等，相似零件特别标注不同点，提醒拣料人员识别。

图5-8　发动机车间SPS拣配区示例

SPS区拣配人员根据表5-4进行SPS拣配。在SPS台车上，每层按工站和工位顺序摆放零件，如图5-9所示，最终完成发动机组装零件的台套配料过程。

图 5-9　SPS 拣配区拣料台车

针对本例，SPS 区布局靠近装配 EA2 线，拣完料的 SPS 台车直接推送进入辊筒等待线，由搬运系统自动拉动上线，发动机装配线每进线 1 台，SPS 随线台车自动进线 1 台。如图 5-10 所示，已完成装配的工位将 SPS 台车对应料板掀起竖放，以便下一工位的作业人员继续装配。

图 5-10　SPS 台车随线示例

第6章 汽车座椅智能生产与同步物流系统规划

6.1 汽车座椅的生产工艺

汽车座椅是汽车内饰中的重要部件，汽车座椅生产具有一定的专业性和复杂性，目前汽车行业主要由专业化工厂来完成座椅的生产，为整车厂提供座椅的配套供应。

汽车座椅体积大、工艺要求高、交期短、质量安全要求严格、制造过程相对复杂。同时，汽车座椅的市场需求差异性大，产品种类多，其生产方式属于多品种、变批量的离散型制造。因此，汽车座椅的制造过程需要采用柔性生产方式加以应对。汽车座椅的主要生产工艺包括座椅骨架成型、海绵体发泡、椅罩裁剪缝合、座椅组装等。汽车座椅的生产流程如图6-1所示。

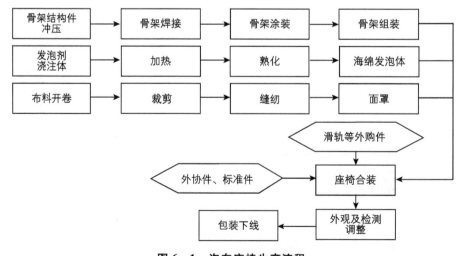

图6-1 汽车座椅生产流程

(1)冲压

汽车座椅骨架一般采用板材、管材的折弯、冲压和焊接成型。冲压工序首先进行板材、管材等原材料备料。经裁剪机自动落料剪切，连续冲模冲压成形，再进行修边、冲孔，对完成品进行检验。各工种站间的物料输送使用自动送料装置。

(2)焊接

焊接工序主要完成座椅骨架的焊接工作。为了满足产品多样性、质量保证和生产节拍的要求，焊接主要采用柔性混线方式组织生产。汽车座椅骨架焊接生产线主要由数控弯管机、钢丝弯曲机、弧焊机器人、点焊机器人、CO_2半自动焊机等工作站组成，分别完成座椅骨架散件的拼合、点焊、弧焊和安装靠背弹簧等一系列作业。

在工艺上，对焊接精度要求高、焊接工作量大的工位采用弧焊机器人焊接。为了提高焊接的工作效率，工位设计采用左右双工位的夹具设置。左侧焊接时，右侧拆装零件。各主要焊接工位均配有专用的焊接夹具，以保证焊接的质量和焊接工件的尺寸精度。焊接夹具大都采用手动快速夹钳手动夹紧，关键工位如机器人焊接总成工位的夹具采用气动夹紧，以保证其焊接精度及生产节拍。所选用的夹具也都配有快换接头，焊接机器人都具有快速换装结构，能够根据产品换型需要而快速调整。各工位之间由人工推送料箱/料架或采用辊筒输送架送料。原材料由叉车运送至各工位。总成工位设滑道，以实现总成到存放区的输送。

(3)涂装

该工序主要负责完成座椅骨架表面的涂装工作。涂装工艺设备采用粉末静电喷涂成套设备。喷粉室能自动清理和自动换色，全部换色时间在30 min以内。

(4)座椅装配工艺

座椅装配BOM主要包括骨架、发泡、面套、小机构、安全气囊、塑料件和紧固件等。根据座椅产品型号，采用差速链辊台板式柔性装配线进行组装，如图6-2所示。座椅发泡体和面罩按台套进行顺序组挂，利用辊轴斜滑梯送到装配线旁。这种输送方式可以减少物料输送频次,满足大批量生产需要。座椅骨架按品种直接运送到装配线入口位置。

图 6-2 汽车座椅装配线示意图

汽车座椅生产厂主要由冲压车间、焊装车间、涂装车间、海绵体发泡车间、椅罩生产车间和组装车间等组成,合格的座椅成品一般采用自动线进入立体自动仓库,利用自动拣配系统自动排序出货,具体如图 6-3 所示。

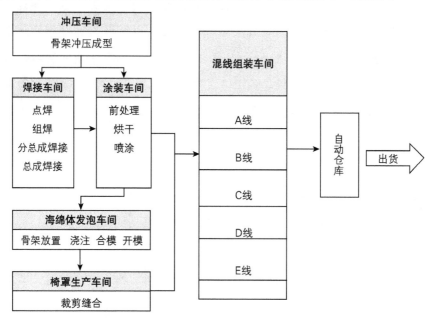

图 6-3 汽车座椅生产各车间作业流程

6.2 汽车座椅的 MES

汽车座椅的生产特点如下:

①汽车座椅生产更注重产品质量、生产进度的管理,在确保产品达到标准要求的前提下,把订单最短完成时间和企业生产设备利用率作为企业生产计划的重要目标。

②汽车座椅生产企业是规模集群性的运营方式,一般采用针对普通客户的大批量统一生产或针对特定用户的小批量定制生产。

③汽车座椅的市场需求变动和客户订单更改较为频繁,这就要求汽车座椅生产企业具有一定的快速、柔性生产能力,能够在最短时间内安排生产并完成制造任务。

④汽车座椅生产是一种多企业协同合作制造模式,企业在制订生产计划时,需要兼顾汽车座椅供应链的整体能力和状况。

目前,国内的汽车座椅生产企业大多是将厂级生产订单粗略分解后直接下达到各生产车间,由各生产车间制订细部生产计划。这种计划体系仅能看作实现车间内部的最优计划方案,即本车间生产能力最大化,无法系统考虑基于整个供应链的生产计划一体化方案。

基于以上汽车座椅生产特点的分析,汽车座椅厂 MES 功能规划从运营效率、职能管理及现场执行等三个方面入手,其主要功能如图 6-4 所示。MES 实现对生产达成率、质量保证、设备效率、人员绩效等运营指标的有效管理。

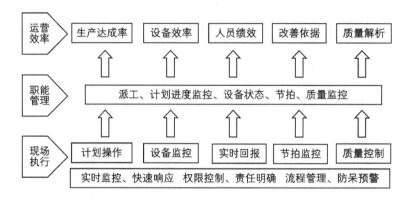

图 6-4　汽车座椅厂 MES 功能

整车厂的汽车座椅主要采用 JIS 排序供应。因此,汽车座椅厂的 MES 需要通过条码扫描、RFID、设备检测等方式对生产进度和过程信息进行实时数据采集。在此基础上,根据整车厂的周/日同步计划进行同步生产指示,实现汽车座椅的 JIT 生产。汽车座椅厂 MES 生产控制原理如图 6-5 所示。

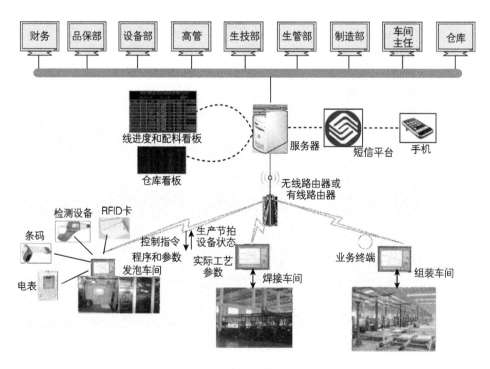

图 6-5　汽车座椅厂 MES 生产控制原理

1. 计划与调度管理

订单对于汽车座椅厂来说，就是根据整车厂的周/日滚动计划提前同步生产，并建立合理的库存（一般设定0.5~2天库存量），常用车型一般设定0.5天库存量，少量车型一般设定1~2天库存量。整车厂的日订单给出要货的零件规格、时间节点、数量等。座椅厂根据自身的生产节拍、设备状态、瓶颈工序、工艺等因素安排订单生产、出入库和发货。如果座椅厂在整车厂周边设厂，则采用JIS拉动交货。整车厂根据前置时间将生产计划和订单顺序通过Web发给座椅厂。座椅厂根据订单顺序进行生产与供应。

(1) 订单排程

针对不同的订单类型，采取不同的订单排程方式是MES的重要功能。如何进行订单排程并应对突发的生产事件，保证生产的连续性、不缺料、最小库存、可执行性是MES订单排程的关键。

①JIS订单排程。座椅厂如果在整车厂周边，并能够与整车厂Web系统对接时，整车厂MES采用同步指示JIS订单。JIS订单已经带有生产顺序指令，座椅厂根据产品BOM信息，将订单展开成零部件计划订单和装配订单。座椅厂JIS订单排程根据同步获得的整车厂的车型规格和生产车序，安排同步生产和同步交货。JIS订单模式可以实现座椅厂库存最小化。JIS订单排程流程如图6-6所示。

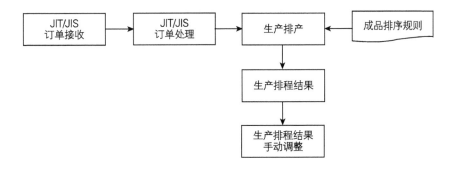

图6-6 汽车座椅JIT/JIS订单排程流程图

②面向库存的订单排程。面向库存的订单只有对应的时间点和数量,座椅厂需要综合考虑自身的加工生产能力、工艺、瓶颈工序、设备状况等因素进行生产排程,参考整车厂周/日滚动订单进行前置时间排产,制订成品订单排程和半成品订单小批量排程。面向库存的订单排程流程如图6-7所示。其中,月计划主要用于备料和半成品批量订单,周/日滚动订单主要用于成品的生产排产。

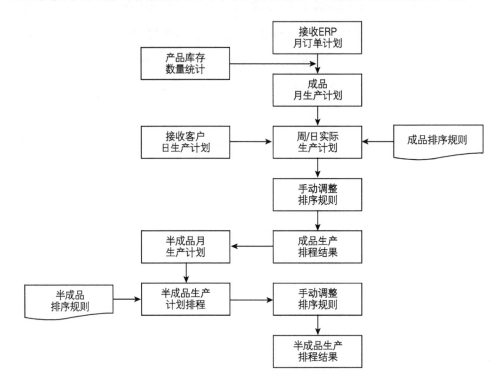

图6-7 汽车座椅面向库存的订单排程流程

(2)订单生产

MES接收上层ERP系统下达的订单计划,将生产日期、生产订单明细、生产顺序与生产班次等订单排程结果下发给各生产线或底层车间PCS控制系统。

(3)生产跟踪

通过生产跟踪可以将生产计划的执行状态、完工状态和对应的完工质量信息反馈给相关的生产运营部门,以便及时发出调度命令。生产跟踪是MES执行的关键。座椅的生产跟踪针对不同工艺要求，可采用条码扫描、RFID、工艺流程卡、看板等不同方式。

(4) 数据采集与工艺管理

工艺管理的基础是对生产工艺进行数据采集。工艺数据采集的主要方式是扫描工令的批次号条码。通过 MES 的工艺管理跟踪，对整个生产过程进行工艺判定、跟踪分析和趋势分析。

2．物料管理

座椅生产以批次生产方式为主。通过批次管理可以实现对原材料、半成品、成品、加工过程、测试过程等的管控与跟踪。座椅生产批次信息主要包括来料批次、冲压批次、机加工批次、发泡批次、半成品批次、成品批次等信息，具体采用条码方式进行批次信息管理。

汽车座椅作为大型的内饰件，座椅生产一般采用 MES 同步拉动的生产方式。在座椅生产过程，通过 MES 与整车厂实现零件采购、加工、组装和供应的协同，保证物料的及时供应，实现连续生产，并减少线边的物料。物料拉动方式主要包括计划拉动、排序件拉动、JIT 拉动、安灯拉动、电子看板/看板拉动等，可根据企业现状与具体需求进行合理规划。

3．质量管理

座椅质量管理的内容主要包括：

(1) 来料质检

根据原物料来料批次，对来料进行质检。根据不同质量要求采取抽检、100%检等方式，将质检结果与来料批次、供应商的关联信息作为质量追溯以及供应商考评的依据。

(2) 质量保证方式

针对批量生产模式，生产首检、抽检、巡检等是产品质量保证的重要方式。

首检：先生产1~5件产品，对产品进行全方位检查。采用PDA记录质量信息，质量判定结果作为批量生产依据。

抽检：根据抽样方案对下线产品进行入库前抽检，采用PDA记录抽检质量信息，通过MES进行抽样统计分析。

巡检：现场质量人员对线上加工产品进行定期巡检，采用PDA记录巡检质量信息。

（3）质量数据采集

通过数据采集手段对生产加工、测试过程中的质量数据进行采集保存，形成产品质量档案，同时作为质量SPC分析的数据依据，并能通过质量追溯功能追溯质量信息。MES质量数据主要包括零件使用信息、生产加工信息、实际工艺数据、产品条码和原物料批次条码、质量测试数据、人员信息等。

（4）系统防错方案

汽车座椅规格较多，座椅生产过程中会发生损伤、漏装、错装等情况。在汽车组装过程中，通过SPS、电子灯选系统、Andon、条码扫描等方式，系统判断是否有遗漏零部件未组装，所装零部件是否与产品相匹配，实现"不制造缺陷、不传递缺陷、不接收缺陷"的质量管控。

（5）质量SPC

MES质量采集数据，根据质量分析及标准对产品质量因素进行分析，生成质量报表。通过图形化的展示进行质量趋势判定，支持产品质量改善。

（6）质量追溯

汽车座椅生产企业在汽车供应链中位于原料和整车之间。质量追溯是企业开展质量管控的业务需求，也是整车厂对零部件供应商的质量要求。汽车座椅生产过程需要追溯两类信息：一类是与整车质量追溯，向整车厂提供完整的座椅生产过程信息，以便实现座椅问题单的回溯，如关键部件质量追踪、座椅生产路线跟踪等；另一类是原料信息追溯，与原材料供应商合作，追溯原料性能和使用数据，以便分析产品故障的真正原因，便于问题确认和责任认定。

4．设备管理

设备管理的主要内容包括：

(1) 设备台账管理

设备台账管理主要针对设备的基础信息进行管理，如设备名称、设备型号、购买时间、维护周期、使用周期、折旧周期、设备厂商、保修周期等。通过设备台账对设备进行有效统计与管理，形成设备档案。

(2) 设备维护与维修管理

根据设备维护周期，如日点检、周点检或月点检等。对设备进行不同维护内容的定期维护保养，记录维护内容。记录生产过程中设备故障及其维修信息，分析设备故障原因，及时进行设备零件更换和保养。

(3) 设备数据采集

通过以太网、总线网络、数据库、文件等方式对设备数据进行采集，并结合设备监控界面进行展示。数据采集主要方式包括 OPC、PLC、数据库中间表、SOCKET 消息队列等。

(4) PMC 监控

PMC 系统实时监视生产状态，测量和跟踪生产设备的工作情况。当生产设备出现问题时，PMC 系统将向车间人员报警。系统将监视生产的节拍时间、设备的正常运行时间、故障停机时间和设备故障等。PMC 系统通过 TCP/IP 或 OPC 以太网协议与现场设备（PLC 等其他控制系统）进行通信。PMC 系统还将生产信息和报警信息记录到实时数据库，用于报表使用。

(5) 设备 OEE 分析

OEE 是一种精益生产的管理分析方法，广泛应用于评价设备全面利用率。OEE 由时间稼动率、性能稼动率和合格率三个要素构成，单一设备甚至整个工厂的运行都受到 OEE 累积效果的影响。OEE 可用于生产分析和基准设计。通过系统 OEE 分析，可以清晰了解设备效率情况，发现生产瓶颈。

6.3 汽车座椅生产厂的精益物流

6.3.1 座椅厂 JIT 同步拉动生产模式

整车厂要求供应商实现与其生产、物流、质量等的全方位对接。根据汽车座椅生产厂与整车厂的业务特点，采用精益生产的思想，以最低库存和柔性生产为目标，实现混流生产与 JIT 同步拉动，以此提升汽车座椅生产厂的管理水平和核心竞争力。图 6-8 所示为汽车座椅厂 JIT 同步拉动生产系统架构。

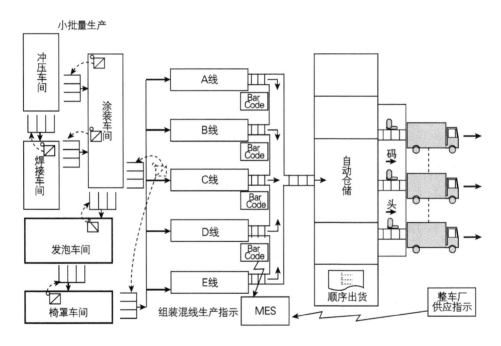

图 6-8　汽车座椅同步拉动生产系统

冲压、焊接、发泡和椅罩等车间根据周/日计划，采用看板进行小批量生产。座椅组装线是根据整车厂的日进线计划同步生产，完成品下线进行条码或 RFID 扫描后，利用自动运输线将完成品送入自动仓储。如图 6-9 所示，汽车座椅厂 MES 通过 Web 实现与整车厂 MES 集成，实时接收整车厂的生产进度信息。自动仓储系统自动排序后送至座椅配送车辆,在对应的前置时间内送至整车厂卸货口,配送车辆的辊筒装置自动将汽车座椅送入整车厂座椅输送线。

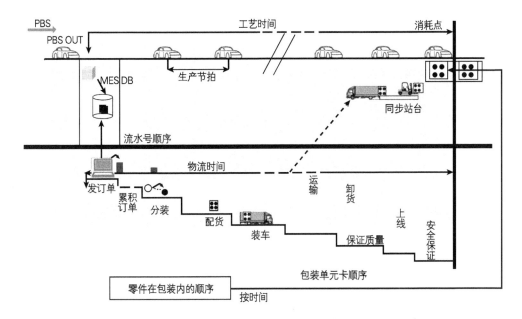

图 6-9　汽车座椅同步拉动流程

整车厂 PBS 区根据 MES 进线顺序将指定的空车身移出,并排序进线。MES 将累计每 20 台的进线顺序信息同步提供给座椅厂,用于生产和交货指示。座椅厂接到交货指示信息后,按照规定时间完成配货装车,发运至整车厂同步接收码头。交货指示信息根据座椅装配上线工程深度、座椅输送线安全库存和每车的装载量,计算确定前置的指示交货总量。指示交货总量是总装线边输送带的座椅安全库存台数、在途座椅台数和下一交货指示台数的总和。

某整车厂汽车座椅组装工艺如图 6-10 所示。第一排座椅上线工位为 Trim4 线第 9 工位,第二排座椅上线工位为 Trim4 线第 8 工位。整车厂正常生产是 45 JPH(Jobs Per Hour),生产节拍是 80s,最高产能是 60 JPH,生产节拍是 60s。

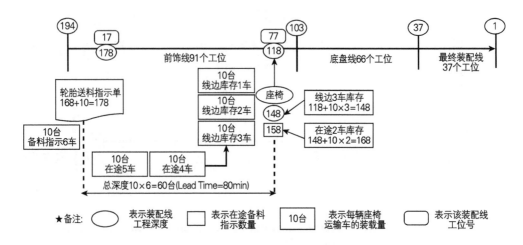

图 6-10 汽车座椅厂同步拉动系统逻辑

座椅配送车辆的装载量为 10 台份，即 40 个座椅。配送车辆往返座椅厂装车至整车厂卸货需 30 min。座椅在整车厂总装车间的前饰线第 77 工位搭载上线，指示深度是第 118 工程深度，线边库存是 30 台份，在途配送车辆 2 辆，备料装载车辆 1 辆，则整车厂给座椅厂的备料指示深度为：118 + 30 + 2 × 10 + 10 = 178。当整车厂达到最高产能 60 JPH 时，一共有 3 辆车辆配送座椅，1 辆在座椅厂准备装车；1 辆出发在途；1 辆正在整车厂卸货。在座椅装配线的输送带有库存座椅，最大库存量设定 30 台份，最低库存量设定 20 台份。

6.3.2 汽车座椅装配线 SPS 料盒式配送模式

随着整车厂产品趋向多元化，从小型乘用车到大型的 SUV、商用车等多车型的混线生产，汽车座椅生产企业的生产方式也趋向混线生产方式。为了满足混线生产的要求，汽车座椅组装所需的中小零部件采用 SPS 配送方式。通过实施 SPS 料盒配送，满足整车厂混线生产的座椅供应，提高座椅厂的生产线产能。

在混流生产中，作为核心件的骨架和气囊等在各种规格的座椅配置中是共用的，一般很少变化，因此可采用传统的看板拉动方式，配送至座椅组装线边，并根据生产进度及时补货。对于和配置相关的大件，如发泡和面套等，可采用分线预装再供应主线的形式。

采用电子灯选系统降低拣配作业人员对 SPS 零件的识别要求。电子灯选系统与 SPS 拉动相关联。根据座椅 BOM，SPS 的零件需求信息实时传递至电子灯选系统，灯选系统提示拣料零件及其数量信息，拣料作业人员完成 SPS 零部件的拣选，并通过条码扫描，实现零件与容器相互绑定，进而实现与座椅产品的绑定。此外，SPS 拣配区依据精益原则进行布局规划，从节约场地面积和提高场地使用率的目标考虑，一般常采用 U 形线体。

以某汽车座椅总装厂为例，介绍 SPS 配送方式的具体应用和成效。该厂目前具备 3 条混流生产线，主要针对不同的座椅类型而分，2 条生产线主要生产小型汽车的座椅，1 条生产线主要生产 SUV、MPV 和商务车等的座椅。每条生产线针对多个客户的多个车型进行供货。座椅组装线上的产品配置类型多，其生产物流总体布局如图 6-11 所示。

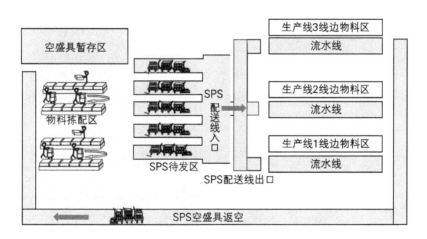

图 6-11 汽车座椅组装线生产物流布局图

物料暂存区与配料区主要完成同步料盒的拣货与装盒作业。MES 发送产品对应的 BOM 信息到配料区。拣配人员获取信息后，在 SPS 电子灯选系统的亮灯辅助下，进行 SPS 零件的拣选和装盒作业。为了确保上线，SPS 料盒为定制品，采用与组装线辊道宽度匹配的物流标准箱，底部采用尼龙耐磨板以增加料盒寿命。此外，SPS 料盒贴有 RFID 标签，以便对料盒相关信息进行全程跟踪和追溯。

由于配料速度一般快于生产速度，故需要一定的区域进行缓冲。缓冲区用于平衡料盒加载速度与组装线生产节拍的时间差。暂存区设置在配料区上方，采用立体悬挂存储链，从而不占用额外的生产面积。料盒配送至组装线后，先暂存缓冲区。料盒由系统控制，根据一定的匹配顺序进入组装线。座椅安装工作台在前，料盒在后，组装人员从料盒取件后，安装到前方的座椅产品上去，待产品安装完毕，料盒内的零件也全部取出。

在组装线末端，空SPS料盒采用无线扫描后从回收线返回SPS拣配区，实现料盒的循环利用。SPS料盒式配送方式由MES控制流水线辊道的运行，从而实现自动化的在线物料配送方式。SPS料盒式配送能够实现汽车座椅混流生产中的个性化零件精确配送，节约线边库存面积，并提升组装线产能。

6.3.3 汽车座椅顺引物流模式

汽车座椅体积大、质量重，且为颜色件，材质和条纹也有差异。整车厂的汽车座椅配送一般采用如图6-12所示的顺引物流模式。每个托盘的座椅都是根据整车总装车辆生产顺序进行排序。

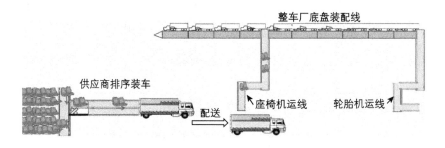

图6-12 汽车座椅顺引物流流程图

汽车座椅生产企业、座椅运输车辆、整车厂总装车间运输链、总装车间座椅装配工位分别是上、下工序。对总装座椅装配工位而言，把厂内座椅机运线的末端视为上工序，座椅装配工位取出座椅可以视为下工序。汽车座椅顺引的物流与信息流如图6-13所示。

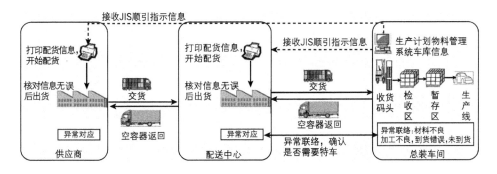

图 6-13 汽车座椅顺引物与信息流程图

整车厂总装车间的座椅机运线并不追求安全在库数量的最少化,而是保留必要的安全库存量。其原因在于座椅机运线可以作为吸收生产与物流异常不平准的缓存区,座椅机运线最多可容纳 150 个托盘。整车厂每隔 1h 通过 MES 向供应商下达送货指示,座椅厂根据排序指示进行装车。从座椅运输车辆在座椅厂装车到整车厂卸货的时间如果需要 30min,则座椅机运线上至少需要满足总装车间 60min 的生产需求,车型进线比例 C∶Y∶H = 2∶2∶1,每 5 台份一个模组平准化进线。车型 C 和车型 Y 均采用 1 托盘/台,车型 H 采用 2 托盘/台,故每一个进线模组共 6 个托盘。当总装生产节拍为 90s,座椅机运线上的必要托盘数为:60 × 60/90 × 6/5 = 48 个托盘。座椅配送车辆一车可以装载 24 个托盘,即可装 20 台份(24/6 × 5),1h 内正常需要 2 车次(20 台份 × 2)。

座椅配送根据订单要求采用 JIS 发货,即根据 JIS 订单顺序进行产品发货。座椅厂 MES 的自动排序子系统接收整车厂广播系统的座椅总成排序信息。排序信息转换为控制信号后,发给座椅立体仓库的存货输送机,存货输送机据此移出相应座椅总成,将座椅总成依序输送至上线排序辊道。如图 6-14 所示,出货平台有左右两个排序上车辊道,每个辊道宽度可允许一个托盘队列上车,出货平台采用液压装置调整升降高度。通过这种方式,实现座椅总成的 JIS 同步拉动物流式。采用自动化排序和移载系统,以及模块化的精益生产模式,大幅降低操作差错率和作业人员的劳动强度。

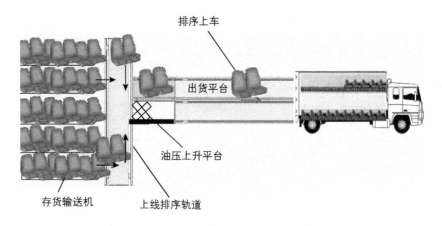

图 6-14 汽车座椅自动排序上车示意图

如图 6-15 所示,整车厂总装车间的座椅机运线最多可容纳 150 个托盘,最大可容纳 6 车次的装载量(150/24=6 车次),座椅机运线到线边的最大库存为 4 车次,生产线异常停线时,交满 4 车次后停止交货;最小值为 1 车次,一旦物流配送出现异常,保证总装线边有 0.5h 库存应对。

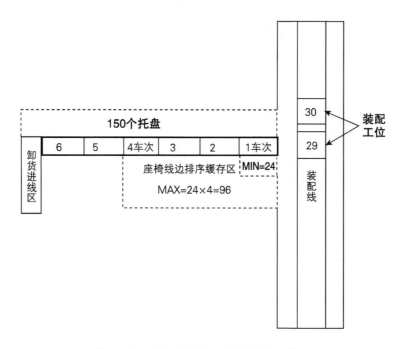

图 6-15 总装车间座椅机运线缓存能力

当配送节拍慢于生产节拍,甚至个别座椅运输车辆出现异常时,座椅机运线上的座椅总成可以确保总装不发生停线。同时,利用生产线停止时(班后或小休)挽回进度差。总装生产线一旦出现异常,整车厂停止向座椅厂下达取货指令,空器具回收物流同步停止。后续恢复生产时,生产排序不变。因此,具有缓冲功能的座椅机运线上必要数量的收容数对控制库存和应对异常非常重要。

汽车座椅采用顺引方式后,总装车间内物流的全品种存储区取消,线边采用双仓制存储方案,车间物流面积瓶颈问题得到解决,物流量减小,便于多车型混流生产的运作,同时,取消了总装车间组装人员的看单装配动作,提高了人员作业效率和生产效率。

第7章 第三方物流的精益智能物流系统规划

7.1 第三方物流

7.1.1 什么是第三方物流

汽车制造业零部件物流的传统方式多为自营物流。自营物流主要是由零部件供应商或整车厂单独作为物流系统投资与运营管理的主体。零部件供应商作为供应方，通过自营物流将零部件送达整车厂，这种物流是零部件供应商的内部服务，一般称为起点型物流或第一方物流。整车厂采用自营物流为自身提供零部件物流服务的方式，被称为终点型物流或第二方物流。

随着汽车产业的快速发展，上述两种物流方式已不能满足整车厂零部件物流需求。无论是零部件供应商还是整车厂，在物流的专业化和组织化方面存在先天不足，虽然投入大量的人力、物力和财力，但汽车零部件物流服务的软硬件与整体服务能力水平不高，存在物流功能不齐全、物流效率低下、服务质量参差不齐、物流成本高等问题。因此，将零部件物流服务外包给专门的物流服务企业成为一种选择，即通过第三方物流（Third-part Logistics，3PL）来提供专业化的汽车零部件物流服务。在第三方物流模式中，整车厂、零部件供应商和第三方物流服务商各自承担的主要工作内容如图7-1所示。

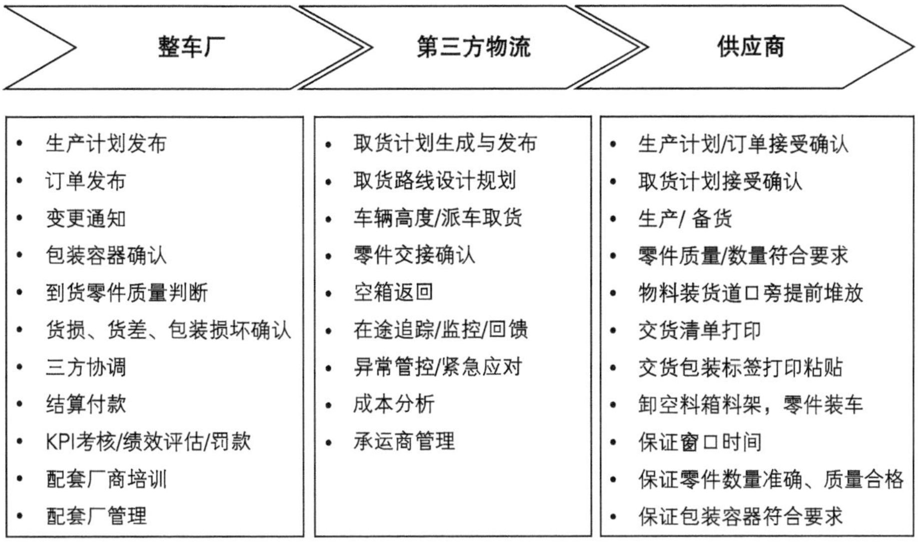

整车厂	第三方物流	供应商
• 生产计划发布 • 订单发布 • 变更通知 • 包装容器确认 • 到货零件质量判断 • 货损、货差、包装损坏确认 • 三方协调 • 结算付款 • KPI考核/绩效评估/罚款 • 配套厂商培训 • 配套厂管理	• 取货计划生成与发布 • 取货路线设计规划 • 车辆调度/派车取货 • 零件交接确认 • 空箱返回 • 在途追踪/监控/回馈 • 异常管控/紧急应对 • 成本分析 • 承运商管理	• 生产计划/订单接受确认 • 取货计划接受确认 • 生产/备货 • 零件质量/数量符合要求 • 物料装货道口旁提前堆放 • 交货清单打印 • 交货包装标签打印粘贴 • 卸空料箱料架，零件装车 • 保证窗口时间 • 保证零件数量准确、质量合格 • 保证包装容器符合要求

图 7-1 第三方物流模式

第三方物流作为汽车行业物流发展的重要方向之一，具有技术上的先进性和管理上的精益化。第三方物流能够满足汽车行业复杂多变的物流服务需求，提高整个汽车物流供应链的物流效率，降低物流成本。第三方物流的主要优势包括：

①第三方物流企业具备专业化的组织和物流运作管理人才，专业化的物流运作经验与技术，有专业的物流网络设施和现代化的物流信息系统，因此更有利于汽车生产物流整体效率的提高和物流合理化。

②采用第三方物流服务可以减轻整车厂的物流管理协调工作。整车厂不需要直接与众多的零部件供应商进行日常管理协调，而是通过 ERP/WMS/SCM 等系统与第三方物流的物流管理信息系统集成，直接在线下单、查询和信息反馈，形成快速响应的及时化物流系统。

③对零部件供应商而言，由第三方物流提供循环取货、干线运输、收发货、储存、组配、流通加工、配送等全方位的物流业务服务，可以有效降低企业在物流软硬件设备和人力方面的投入，从而有助于企业将核心资源集中于零

部件研发、制造等重点业务。

7.1.2 第三方物流仓储业务

1. RDC

第三方物流根据整车厂物料采购订单,将生产所需零部件配送到RDC。RDC仓库对物料进行清点后收货,把数据录入信息系统中,并将零部件配送到总装相应的工位。

RDC的主要工作目标是保证接收零部件质量和数量账物相符,并能及时、准确地将信息传递到相关单位,对零部件接收进行有效控制。其主要工作内容包括实物数量清点、质量状态检查、签收、入库、出库送料到工位等。

(1)零部件接收作业

物料接收作业的主要内容是核对物料卡和实物是否一致,物料卡送货时间是否异常,清点装箱数量与物料卡是否一致。对于不同的零部件类型,接收方式存在差异。直供件一般按照标准单据进行接收,非直供件则按照物料卡进行接收,JIS排序件按照采购单据进行接收。

零部件接收的主要原则包括:

①数量和质量符合要求。开展必要的物料抽检,对质损件或有锈蚀的零件严格拒收,并进行退货处理。

②实物、单据、ERP系统信息统一。确保信息系统的接收信息和已接收的实物信息一致,确保采购单据和物料卡的准确生成。

③遵循时间窗交货,实现接收作业零部件平准化。对于紧急零件,优先接收。

④根据区域别、生产线别、供应商别分别进行入库。对于已接收不能及时归位的零部件,应送入暂存区(或溢出区),并放置暂存指示牌,有空位后进行零部件归位。

（2）在库管理

在库管理的主要任务是根据整车厂的产能与零部件变化，及时对仓库进行动态区域调整，同时进行日常的库存盘点。

在库管理的重点主要包括：

①所有零部件按规定装箱，并贴有相应的物料标识卡。

②所有零部件应整齐摆放在定置区域内，不能出现占道、摆放散乱等现象。同一件号不同供应商的零部件应分别摆放，标识清楚，严禁混放。

③保证物料流转记录，保证在库物资账、卡、物相符。对在库物料进行及时盘点，重点关注在库物料流转中的异常情况。

④库内空盛具分类定置管理，并通知供应商及时回收。

（3）配送作业

配送作业是根据总装生产线的生产进度和零部件需求，及时、准确、高效地供应零部件。

配送作业管理的重点主要包括：

①严格按照配送流程操作，避免多投、错投、少投、漏投。确保投入零部件的准确性，保证系统出库数量和实物出库数量一致。

②定时检查生产线边物料和库存物料。当实物与物料卡不符时，应及时处理解决。

③急拉动物料优先配送出库。

④保证零部件出库遵守先进先出原则。

⑤配送人员投料时要求做好物料签收手续，填写物料流转卡，及时回收空盛具。

（4）RDC库位规划原则

整车厂RDC的零部件库存时间一般控制在半天至1天，零部件流转频次高，出入库作业频繁。RDC库位规划遵循以下原则：

①根据RDC的主要业务功能，RDC仓库划分为接收区、检验区、退货区、

不良品区、分线区（或 P 链吸收区）、储存区（PC 区、KD 区）、打包拣配排序区（SPS 区）、出发区、空箱整理区、空箱回收区等。

②零部件库内分线别直线流动，搬运距离最小化。库区和库位规划与生产线送线尽可能符合直线供应。例如，前仪装线的零部件库区与前仪装线后段的同向区域。

③零部件根据线别、工位别进行分类存储，拣料走动距离最小化。

④考虑打包排序因素，SPS 零件区分为大物料架/料箱区、中小物料箱区，分开规划放置区域。

⑤仓库通道划分主通道与分通道，主通道原则上是配合库房大门进行直线"井"字规划，分通道的规划主要考虑投料台车、牵引车的物流动线。

⑥零部件出库接收盘点方便。

⑦考虑零部件的设计变更，新车试做件放置区等区域划分要有弹性。

2. 中储

中储（Distribution Center，DC）主要用于服务远距离零部件供应商。远距离零部件供应商一般会按照所处地理位置进行区域划分，采用不同的循环取货路线集货至各区域的区域中转仓库，最后再合并集货到整车厂附近的中储。中储作为远途供应商的库存缓冲，可以应对整车厂计划调整、品质异常、厂外异常等各种突发情况。国内整车厂除了丰田等少数日系合资厂外，大部分在整车厂周边设有第三方物流的零件集配仓库，即中储。

考虑到零部件物流过程中的搬运装载率，零部件供应商一般会采用纸箱或木箱包装。中储需要根据整车厂的物料管理和容器包装要求，对供应商的原包装进行换装，装包成标准的料箱或料架。根据整车厂的指示时序配送至整车厂 RDC 或总装线边。有些整车厂将扣除直送厂商以外的其他零部件收货物流都放在中储，中储根据整车厂指示定时配送（2/4h）。中储的主要业务流程如图 7-2 所示。

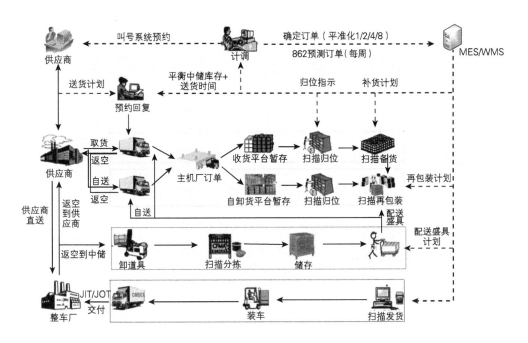

图 7-2 中储主要业务流程

整车厂通过 ERP 系统下达供应商交货指示和第三方物流取货指示。远距离供应商由第三方物流循环取货后交中转库，干线运输至中储，或由厂商直接交货至中储。为了提高收货效率，中储收货采取时间窗或收货预约系统进行收货管理。收货预约需要在零部件交货前上网预约，排定交货时间。中储扫描收货和归位后，零部件信息进入中储 WMS。整车厂通过 ERP/MES 系统对中储下达定时交货指示。如原包装不符合整车厂零件上线包装要求，由中储进行零部件翻包（再包装）。中储根据指示进行出库翻包和排序作业，依序出货。出货至整车厂 RDC 或总装线边仓后，将空料架/空箱返空至中储。

7.1.3 第三方物流的信息系统架构与功能

第三方物流的管理信息系统功能组成如图 7-3 所示。

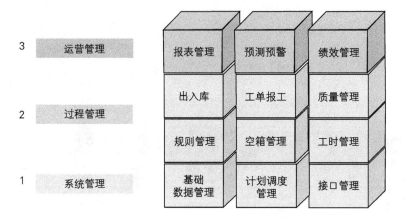

图 7-3　第三方物流管理信息系统功能模块

1. 计划调度模块

计划调度模块的主要流程如图 7-4 所示。

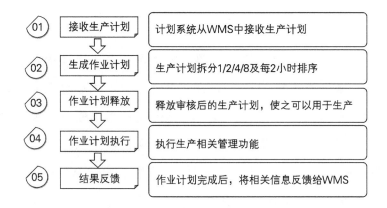

图 7-4　计划调度管理流程

(1) 生产计划接收

整车厂每天的生产计划和零部件需求计划同步传送到中储 WMS，计划信息主要包括供应商信息、零件信息、生产数量、车型等。

(2) 作业计划生成

作业计划的约束条件主要包括：

①生产均衡化。考虑翻包生产的平准化和交货物流的平准化。

②发运时间要求。紧急订单优先送货，正常订单根据指示时间定时交货。

③中储翻包作业顺序优化。根据零部件因素设定优先级，大物、量大件根据订单切割系数 4/8/16（原则 1~2h 的货量）顺序生产；中小物的订单分割系数是 2/4/8（原则 2~8h 的货量），SNP 数量大且体积小的零件采用的订单分割系数为 1。量小件考虑合并订单一次翻包生产。

（3）作业计划控制

作业计划控制的主要内容包括：

①作业计划释放。将系统中通过审核的作业计划释放出来。

②作业计划调整。对作业计划进行调序、新增、删除等操作。

③作业计划的执行和反馈。跟踪作业计划的执行情况，并通过系统实时查看；作业计划执行完成后，将相关信息反馈 WMS。

④作业计划状态管理。针对作业计划的不同状态（排序、审核、释放、运行、完成等），可以对其进行不同的操作。例如，当生产备料不足（缺物料、缺盛具等）时进行报警。

（4）送货车辆调度

送货车辆调度调度的主要内容包括：

①供应商送货计划预测。供应商在网上系统登记送货计划，制订规则（如提前 3 天预订），系统自动生成送货计划。

②送货车辆到货叫号系统。系统实现预约叫号管理与交货时间窗管理。送货车辆到达中储后，在门岗处录入车辆信息（如客户、物料信息、车牌、联系方式等），系统自动传送短信叫号入内卸货。如遇急件，人工调整卸货顺序。

2. 物料管理模块

物料管理的主要功能包括：

（1）基础数据管理

物料基础数据管理主要负责对零部件的基础信息进行创建与维护，物料基

础信息主要包括以下内容:

①物料主数据,如供应商、件号/件名、零件代码、包装容器规格、SNP、批次等。

②物料类型定义,如总装、售后服务件、焊装/涂装、外协等。

③附加属性定义,如供应商信息、品质相关属性、条码信息等。

(2) 物料调度

物料调度的主要功能包括:

①多模式送料组合。单一物料配送或组合送料(一次送2种或者2种以上零部件)。

②与物料Andon系统集成。仓库作业人员具有一定区域的控制权限。当发生缺料等问题,及时报告与解决。

③针对不同类型的零部件,采取不同零部件调度模式。对于需换装零部件,物流路径为存储区→换装区→发运暂存区。原包装发货物料的物流路径由存储区直接周转至发运暂存区。

(3) 物料防错

对于关键零部件,采用防错识别看板、条形码或RFID等方式,建立物料防错系统。过物料条码扫描,系统自动进行零部件匹配判断,同时建立关键零部件与各流程环节的关联,进行物料谱系信息记录,实现生产流程的追踪与追溯。

3. 质量管理模块

质量管理模块的主要功能如下:

(1) 过程质量缺陷管理

对过程质量缺陷信息进行记录,如缺陷名称、严重程度、岗位、关联操作员等信息。

(2) 现场质量缺陷处理

对现场缺陷信息进行及时处理,采用系统提醒、后台查询、异常看板等方式显示维修人、确认人等信息。

(3) 质量缺陷分析

针对严重质量缺陷，设定缺陷率控制限。开展质量缺陷信息统计分析，自动生成缺陷日报/周报/月报等。

4．过程管理模块

过程管理模块的主要功能包括：

(1) 再包装清单管理

再包装清单是物料防错的依据。再包装清单是在生成生产作业计划时同步完成。再包装清单细到工位，可以在工位终端显示并打印。

(2) 配送车辆跟踪

通过系统集成，将发运订单与物流车辆信息关联，实现从中储发运到RDC卸货的全过程跟踪。

5．绩效管理模块

绩效管理模块可以实现中储业务数据报表生成。主要的管理报表包括物料进出报表、产量报表、计划达成率报表、质量相关报表等。报表格式与功能可根据管理需求进行定制，如水晶报表、趋势图、饼图、柱状图、控制图等。

7.2 第三方物流精益智能生产系统规划案例

7.2.1 业务需求分析

某第三方物流企业主要为整车厂RDC和中储提供物流服务。随着整车厂业务的快速发展，整车厂对其零部件物流质量、成本与效率要求越来越高。对于承担物流服务的第三方物流而言，希望通过精益智能化物流系统满足用户要求。

第三方物流企业希望构建由 AGV、RFID 等多种硬件设备和应用软件系统组成的汽车零部件精益智能化物流系统。该系统纳入同步工程设计。主要用于汽车零部件成品、半成品的储存与运输。考虑到零部件种类规格繁多、厂房承载和建筑造价等因素，项目前期规划没有采用立体仓库方式，采用高位货架配套高位叉车的智能货位指示存取系统进行零部件的存取。此外，每天出入库的零部件种类规格达到 500 种以上。面对如此多的零部件种类规格，如何对应近 7 000 个库位，并且还要确保库位利用率大、生产效率高，仅仅依靠传统的管理方式难度极大，因此需要借助智能化物流系统实现高效精准的管理。

对某第三方物流的生产现状分析如下：

（1）工作班次

整车厂的生产单班时间是 8h，高峰时加班 2h，一般是两班制，最大工时为 20h。整车厂 RDC 一般收货到晚上 12 点，必要时延长至凌晨 2 点。

RDC 收货一般是白天收货量较多，晚上收货量较少。中小物白天交货较为集中，晚上大物采用平准化交货。

（2）物流周转方式

所有零件规定由一定规格的容器装箱后搬运周转。容器规格有纸箱、料架、料箱、网箱等，从 780mm×570mm×470mm 至 2 300mm×1 600mm×1 050mm 不等。85% 的容器为通用容器，零件料箱粘贴有二维码标签。每天入库量大于 500 箱，出库量大于 650 箱。

汽车零部件种类规格类型较多，物流搬运采用液压叉车、电动叉车与 AGV 完成。现场 AGV 主要负责高位料架至翻包区的物料搬运，AGV 路径上包括 15 个作业工位，涉及 4 个车型的零部件，近 600 个品种。如何保证中储作业效率与面积利用率是系统规划重点考虑的内容。

（3）空箱管理

空箱依次经过空箱回收区、空箱整理区、空箱置区、空箱配套区，最终装车返还给供应商，如图 7-5 所示。空箱回收区主要用于空箱回收后的位置存放。空箱整理区按供应商对料架或料箱进行分类整理。其中，料箱以托盘为单位进行捆绑打包。空箱置区主要是用于整理完成后的临时置区，料架或料箱按供应商类别进行分区域放置。在物流车辆到达前，空箱配套作业人员根据空箱配套管理道具进行空箱配套作业，按照空箱集载确认图的要求将空箱置区的空箱提前运送到空箱配套区准备装车。

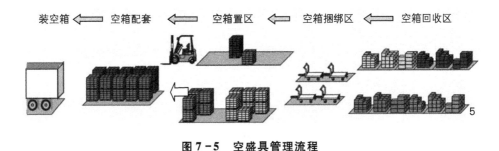

图 7-5　空盛具管理流程

通过调研国内先进的汽车零部件公司，发现尚未有类似仓库的管理经验可供借鉴。目前，国内类似仓库的管理通常是将零件箱与库位采用一一对应方式进行固定式管理。在每个货架前挂有对应的零件品种布置图，其中包含零件的库位、品种、数量信息，再配以相对简单的 WMS 管理软件，作业人员需要通过软件查找或通过记忆零件存放的具体位置，办理物料出入库，再将卡片放上或拿走。但这种作业方式的库位利用率低，操作慢，仅适用于库存量少、周转量低的仓库。

7.2.2　中储同步拉动流程设计

系统设计主要目标如下：

①通过拉动系统，协同整车厂生产线边、RDC、中储和零部件供应商的同步供料。

②快速响应整车厂物流需求，传递 JIT/JIS 零部件需求信息，保证线边和 RDC 的安全库存。

③明确物料供应的频次、时间和需求数量等，细化交付窗口时间。

④为供应链各方提供可视化的同步管控方式。

1. RDC/中储拉动流程设计

RDC 与中储的拉动流程如图 7-6 所示。整车厂零部件消耗拉动系统包括 AutoCall 模式、JIS 拉动和看板拉动 3 种方式。JIS 拉动和 AutoCall 模式是根据总装线下线信息，由 MES 自动计算零部件消耗数量，AutoCall 定时累计交货信息，指示 RDC 和中储进行零部件供应。JIS 拉动零部件一般是大物，周边供应商直接排序送线或远途厂商由中储排序送线。看板拉动是根据消耗的料箱或料架看板，将扫描汇总的交货信息，指示 RDC 和中储进行零部件供应。

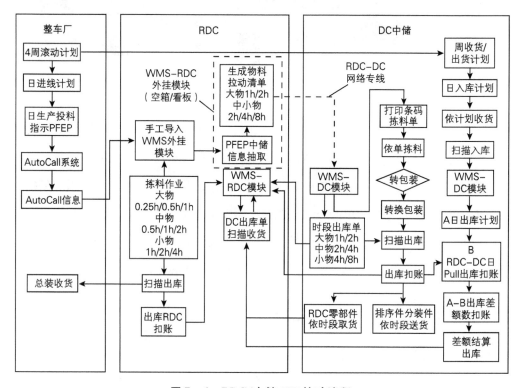

图 7-6 RDC/中储 JIT 拉动流程

整车厂采用 AutoCall 方式自动计算日进线实绩消耗，另外一部分零部件采用空箱看板扫描采集消耗实绩。这两类信息定时采集，生成对中储 WMS 的时段出货计划，即拉动清单。

2. 收货物流时段设计

中储收货物流量的波动情况如图 7-7 所示。RDC 最大库存设定 10h 的货量，最低库存设定 4h 的安全库存。收货码头收货时段的时间间隔设定为 0:00、8:00、13:00、18:00 和 23:00。交货高峰时段设定为 8:00～10:00、13:00～15:00、18:00～20:00，23:00～次日凌晨 1:00，大物和直送件一般是配合生产时间平准化交货。

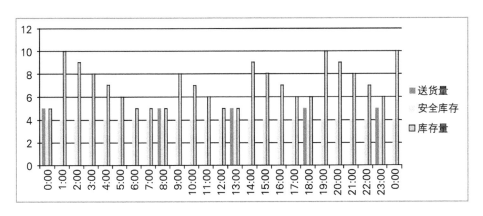

图 7-7 物流量波动统计

3. 拉动参数设定说明

不同零部件类型的拉动频次和拉动方式存在差异，见表 7-1。大物拉动周期采用每 1h 或 2h 出货，中物采用每 2h 或 4h 出货，小物一般采用 4h 出货，体积小的 SNP 的零部件采用 8h/16h 出货（SNP 数量多的零件，一箱即可供应半天到 1 天的用量）。线边库存、RDC 库存和中储库存也是根据大物、中物与小物分别设定不同的安全库存。大物的拉动采用 AutoCall、空箱看板和 JIS 排序拉动等。

表 7-1 不同零部件的拉动参数设计

物料分类	库存设定			拉动频次	拉动时间	拉动方式
	线边	RDC	中储			
大物	0.5~2h	4h	1~3 天	4~8 次	1~2h	AutoCall 拉动 JIS 拉动 空箱看板拉动

(续)

物料分类	库存设定			拉动频次	拉动时间	拉动方式
	线边	RDC	中储			
中物	1~2h	4~8h	2~5天	2~4次	2~4h	AutoCall拉动 空箱看板拉动
小物	1~4h	8~16h	3~7天	1~4次	4~16h	AutoCall 空箱看板拉动

以中小物收货为例，总装生产采用2班制，单班生产时间10h。日拉动频次设定4次，则每次拉动满足总装5h的零部件用量。RDC线边安全库存设定为5h，最大库存设定为10h。

4．物料配送方式（推拉结合）

对于标准件采用推式，即根据计划对当日送料数量和批次进行备料。对于JIT物料采用拉式，即根据MES现场采集的车辆队列信息触发每次送料。由供应链系统向供应商提供每辆车的零部件清单，以便能够在正确的时间顺序供件。因此，零部件清单是由车辆的移动而触发。在每个触发工位，JIT可以进行灵活配置。

5．平准化计划

中储的中小物翻包与出货一般以2h为单位进行分割，平准化分割具体位差表如图7-8所示。大物根据出货指示则以1h为单位进行分割作业。

中储生产—出货平准化分割位差表(8h)				
班别	日班		夜班	
区分	上午(4h)	下午(4h)	前半夜(4h)	后半夜(4h)
生产	A	C	E	G
	B	D	F	H
出货	H	B	D	F
	A	C	E	G

图7-8 平准化分割位差

中储生产—出货平准化分割位差表(8h+2h)							
班别	日班				夜班			
区分	上午 (4h)		下午 (4h)		加班	前半夜 (4h)	后半夜 (4h)	加班
生产	A		C		E	G	I	
		B		D		F	H	J
出货	J		B		D	F	H	
		A		C		E	G	I
1. 每2h分割、平准化生产　出货(同步位移)							
2. 夜班最后生产2~4h,在上午7:30~10:00出货完							

图7-8　平准化分割位差(续)

6. 整车厂/RDC/中储的 AutoCall 拉动逻辑

整车厂的线边库存根据大物、中物、小物设定不同的拉动时间进行补料。零部件的拉动参数是线边库存设定数量1/2时触发补料,中储对 RDC 的库存拉动是根据 RDC 消耗量的一半进行定时补料,具体如图7-9所示。

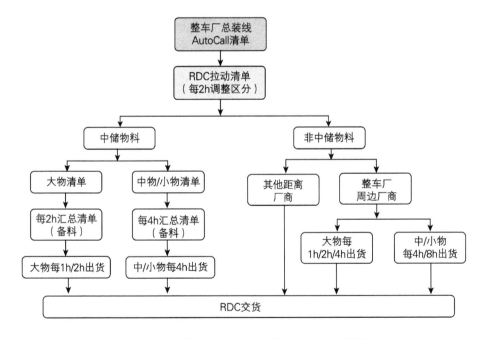

图7-9　总装线边库/RDC/中储同步拉动补料模式

零部件拉动的主要原则如下:

①如图 7-10 所示,对于大中物,将整车厂对 RDC 的 AutoCall 信息每小时收集处理后,通过 RDC 和中储 WMS 指示中储按大物 1~2h 和中物 2~4h 进行定时送货。设定的送货频次是根据零部件包装容器的大小、SNP 数量进行确定。一般情况下,包装体积大或 SNP 小的零部件交货时段相对较短。

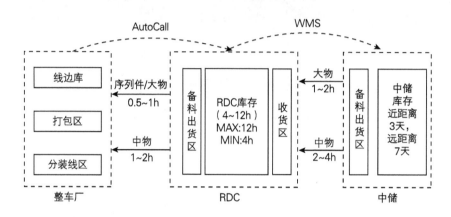

图 7-10　大/中物的 AutoCall 系统拉动逻辑

②整车厂对 RDC 小物拉动包括 AutoCall 与看板两种方式。如图 7-11 所示,RDC 对中储的小物拉动方式是以每 4h 为单位进行交货,大多属于料箱交货。SNP 数量大的一次交货可满足一班或一天的零部件消耗需求。

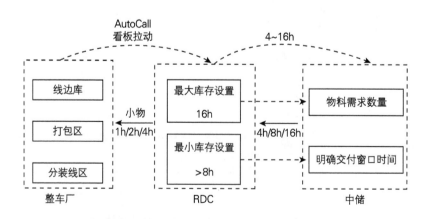

图 7-11　小物的 AutoCall 与看板系统拉动逻辑

根据上述拉动逻辑,整车厂、RDC 与中储的各自库存参数设定如图 7-12 所示。

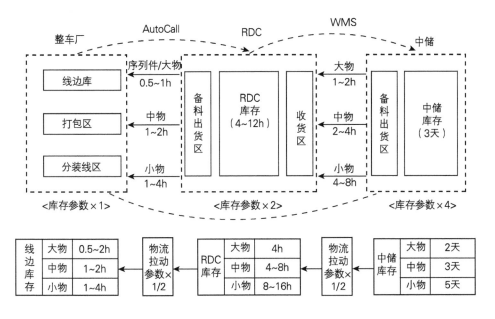

图 7-12 同步拉动系统库存设定参数

7. 补料指示点

以线边料架/料箱可存放的数量的 1/2 设定补料点,也就是线边安全库存在低于 1/2 时开始补料。线边最低库存设为 1 箱或 1 个料架。当最后 1 箱开始使用时,需要紧急送料。例如,如图 7-13 所示,线边可摆放 6 箱,当消耗至 3 箱时,开始指示 3 箱补料。如果物流未及时送达,当最后 1 箱开始使用时,则进入紧急拉动的处理流程,所以正常线边最低消耗库存点是 2 箱。

如果零件体积很大,线边只能摆放 2 单位盛具(如料架)时,最低安全库存是 1 单位盛具,1 单位的补料要在另一单位零件快消耗完时 JIT 送料。专用件采用定量不定时补充方式,而共用件采用定时定量补充方式。

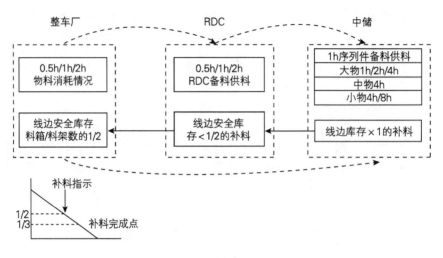

图 7-13 零部件补充点示意图

7.2.3 中储智能仓储与物流系统规划

1. 方案整体思路

①整个生产与物流模式如图 7-14 所示。原包装零部件与空盛具放置于高位料架区，零部件再包装后直接运送至待发区。零部件与空箱采用托盘、料架等容器运送，料架设四个万向轮，规格一致，以便能够用于 AGV 搬运。

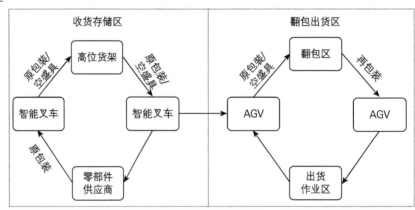

图 7-14 中储智能物流系统总体设计

②以 AGV、智能叉车作为生产物流工具，除翻包、分拣料、备料需人工操作外，其他物流均采用自动化方式进行作业。

③以整车厂/RDC/中储同步拉动生产计划为导向建立物流配送系统，实现物流的自动 JIT 配送和精益物料管理。

④按照物流路线最短原则，与生产区域相对应，规划零部件库位。

⑤原包装由智能叉车从高位料架区相应库位取出，运输到 AGV 自动输送线前端，由 AGV 送到需求工位。

⑥当某一个工位有换装托盘/空容器运输需求时，该工位操作人员先将货物或空箱推送到 AGV 站点，由 AGV 将货物运送到相应区域。

2. 系统设计要点

现场物流管理的载体在于物流，如果无物可流的话，现场非常好管理，但最怕的是有物难流，这样就容易产生乱流，进而出现各种无效的工作和救火式的管理，现场日渐混乱。因此，首先要理顺现场的逻辑关系，做到物流通畅。

通过对生产计划、车间作业、AGV、叉车等各环节间的作业分析，中储整体物流系统设计要点如下：

①采用中储生产同步拉动系统，根据 RDC 的零部件需求进行原包装零部件同步再包装生产与配送作业。

②基于平准化思想，实现零部件再包装作业的均衡生产和 JIT 生产。

③采用 RFID 技术，实现智能叉车、AGV 与再包装工位的有效衔接。

④采用条码扫描技术，快速识别入库零部件与盛具。

⑤采用 WMS，实现库位的自动分配与防错。

3. 方案分析与方案制订

中储的物流作业区域包括收货区、高位货架区、地面堆垛区、再包装区、出货待发区、出货区、空盛具区等。物流系统由高位货架、高位叉车、AGV、高位货架等设备以及物流控制系统组成。其中，高位货架用于存放供应商零部件。高位货架的要求确保库位正确，便于管理。高位叉车主要用于高位货架区的零部件出入作业。AGV实现中储零部件与空盛具的自动搬运。物流控制系统实现各生产区域的物流管理和设备控制。

(1)主要业务流程方案设计(图7-15)

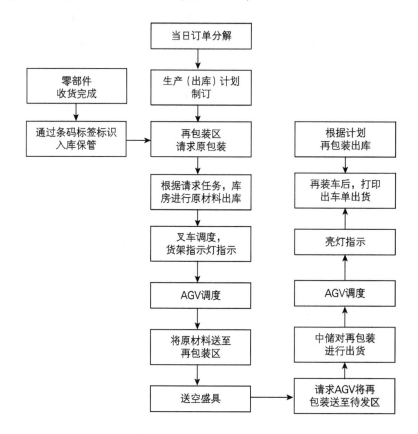

图7-15 中储业务流程设计

(2)系统结构

整体物流系统是由多种硬件设备和多个应用软件系统组成的一个协同工作的综合系统，如图7-16所示。中储仓储物流管理系统采用3层结构，即任务和数据管理(管理层)、集中监控和设备调度(监控调度层)、多种任务执行设备(设备控制层)。

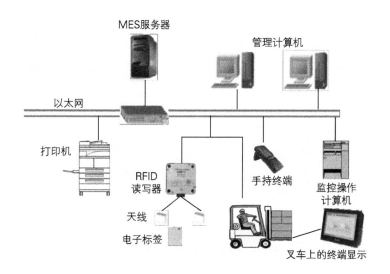

图 7-16　中储智能物流管控系统

其中,管理层负责统一协调中储的整体系统运行。通过接收并分解整车厂 MES 下达的作业计划,将作业计划分解为作业指令,下达给监控调度层,实现作业管理与仓储管理。

监控调度层是连接物流管理层及设备执行层的枢纽。上接管理层,接收作业指令,优化调度分解作业指令,将执行命令下达给控制系统,实时监控设备运行状况及故障信息,提供动态仿真画面与人机交互界面。

设备执行层控制系统接收监控调度层下达的执行命令,主要由现场操作终端、变频器以及 AGV 等设备组成。PLC 基于工业以太网的总线方式控制设备运行。

(3) 设施选型方案

要实现系统方案,必须对系统涉及设备有一定的结构要求。选型原则:快速采集物料信息,快速信息传递;保证高位库的利用率最大;保证出入库效率最高。

随着技术的不断进步,满足各类工况使用的物流设备大量涌现,如何选择适用现场物流方案的设备,是该项目实施前需要考虑的主要问题之一。而整个物流系统的每个环节都与物料信息相关，系统如何快速获得物料信息是整个项目的关键。

①RFID 电子标签。根据中储仓库的现场使用环境和生产作业要求，采用 RFID 电子标签应用于零部件盛具。采用 RFID 优点如下：

a.电子标签可重复使用，适用于周转托盘。

b.可在一定范围内（约 25m）远程识别，因为要快速识别信息，所以就要实现叉车司机无需下车就可获得零件信息。

c.可读写，存储容量大，物流系统可以实时获得零部件的一系列实际作业信息。

②读写器的布置。读写器是 RFID 系统信息控制和处理中心。根据使用的结构和技术不同，可以采用读或读/写装置。读写器通常由耦合模块、收发模块、控制模块和接口单元等组成。读写器和应答器一般采用半双工通信方式进行信息交换，同时读写器通过耦合给无源应答器提供能量和时序。在实际应用中，可进一步通过 Ethernet 或 WLAN 等实现对物体识别信息的采集、处理及远程传送等管理功能。

③RFID 配置。将电子标签通过红色绳子固定在容器箱上，因入库零件箱上已粘贴二维码信息，所以系统将 RFID 与零件箱二维码信息绑定即可。零件信息主要包括零件号、零件名称、零件数量、生产日期、生产批次等。运行数据全程保存，可实现全过程信息采集、跟踪，并保证可追溯。

为了能够方便叉车人员迅速找到需要存取物料的货位，需要在高位叉车上配置车载终端电脑、读写器、天线。车载终端系统与物流管理系统紧密连接，接收存取任务，合理调度各个叉车进行有序工作，为叉车操作人员进行路线导航，提高现场出入库效率。

在高位货架出口处安装天线、读写器。系统出口处的天线感应托盘电子标签，读写器将信息反馈给系统，系统将作业信息发送给 AGV 控制系统；作业信息指示 AGV 小车将托盘运送到相应再包装工位。

④手持终端。采用具有数据存储与计算能力的智能手持终端。通过无线 AP

交换机接入局域网中,通过SOCKET[一]方式或直接访问数据库的方式与条码系统进行数据交换与业务流程衔接。

⑤工位Andon呼叫装置。如图7-17所示,每个再包装工位安装有4个需求按钮,分别代表成品发交、空箱需求、原包装需求和异常需求。作业人员根据实际需求通过相应的按钮来进行生产指示。

图7-17 再包装工位Andon呼叫装置

⑥货位防错功能设置。如图7-18所示,在高位货架区的每个货位上安装有RFID电子标签,货位电子标签与该货位零部件信息绑定,这样叉车上下零件托盘时可校验零部件的正确性。

图7-18 高位货架区的货位防错系统

此外,在高架货架区物流通道两侧安装货架指示灯,同时在每列货架的立柱上也安装指示灯。将入架的零部件货位与指示灯进行系统对应。在叉车操作人员进行取出(送入)作业的过程中,系统根据所接收的信息,自动闪烁对应的货架指示灯进行提醒,一方面起到系统防错功能,另一方面为叉车物流路线提高导航。

4. AGV运料系统设计

为了提高自动化水平,减少用工和降低成本,近年来汽车厂广泛应用AGV

[一] SOCKET又称套接字,应用程序通常通过SOCKET向网络发出请求或应答网络请求。

物流技术。由于整车厂采用多品种生产,零部件容器大多根据零件结构进行确定,甚至定制,因而整车厂的零部件容器种类和结构较多。

中储作为外物流与内物流的转换节点,需要对供应商包装按整车厂要求进行包装转换。而供应商送至中储的包装类型更加复杂,零部件容器规格众多,且难以做到规格大小标准化。

因此,综合考虑中储的作业特点和物流周转的方向性定位等因素,采用激光引导背负式AGV运料系统进行零部件的库内物流运输。零部件托盘可以直接通过背负式AGV进行搬运。如图7-19所示,背负式AGV作为搬运底盘,车载背负面可以根据搬运物料需求和搬运功能进行加装形式多样的夹具或移载机构。

图7-19 背负式AGV工作示意图

背负式AGV在本项目的具体运行方式:由叉车将托盘放置在滚筒平台上,AGV进入检测到位后,驱动滚筒平台和AGV滚筒同步运转,将托盘由平台移载至AGV。AGV前后均有碰撞保护装置,实现碰撞后立即断电停止。AGV也可以设计安装用于操作及显示的HMI人机交互系统或工作警示灯(如三色塔灯),其控制采用PLC控制系统,可与再包装生产线和高位叉车进行实时通信,保证相互之间信息交流及工作对接。

根据中储生产工位的布置,设计了AGV运行环线及停靠站点的位置。围绕高位料架区、再包装区、待发区设计AGV循环路线,如图7-20所示。

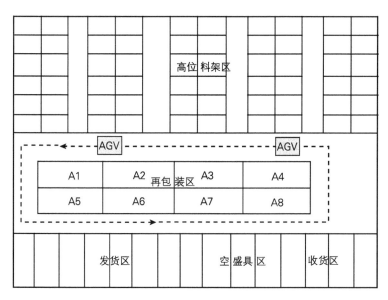

图 7-20 中储 AGV 路径设计

5．高位料架区设计

根据托盘型号大小和数量，同时尽量减少货架类型，增加容器通用性，容器按尺寸大小进行分类：1 000mm 以下的为一类；1 000～1 400mm 为一类；1 400mm 以上的为一类。

库位分配的主要原则如下：

①根据供应商、零部件类型和产线别进行库位的区域分配。

②周转频次高的货物放在距离 AGV 交接区域最近的位置。

③同一区域的库位根据供应商货量的不同，可对库位进行灵活分配与调整。

④大件、重物零部件的托盘放置于货架低层。中小件或好操作的托盘放置于货架高层。

通过采用基于成本和效率的货位分配策略，实现货位利用率最大，物流路径最短。

7.2.4 中储智能物流管理系统

中储物流管控一体化项目的硬件部分包括 AGV 输送系统、高位货架库、指示灯库房拣选系统、无线呼叫系统、高位叉车系统（高位叉车与车载智能设备）等。软件部分由中储 WMS、条码系统、手持终端系统、车载终端系统、看板指示系统、Andon 系统等构成。网络部分由 PC 至 PLC、PC 至设备间通信的若干网络等构成。

1. 智能生产物流系统构成

(1) WMS

货架、指示灯系统与叉车系统，辅以若干手持设备，组成本系统的核心物流存储体系。如图 7-21 所示，通过 WMS 设定的物料基础信息、条码规则以及库位分配原则，货架存储区域内（也包括部分平面堆场）的物料均符合该库位管理规则。货架区使用 RFID 技术进行货位认址。高位叉车系统接收任务指令，同时指示灯系统与叉车车载终端均对任务位置与任务类型等信息做出指示。使用高位叉车上的 RFID 设备进行货物、货位识别，即可进行仓储业务。整个任务执行过程，均由系统发出指令，无需人工判断。

图 7-21 中储 WMS 示例

（2）中储 MES

AGV、呼叫系统组成中储 MES。再包装工位作业人员使用手持终端进行原包装与空盛具要料。该信息由 MES 处理后分发执行。所需物料到达 AGV 环线入口后，由控制系统接管，通过物料容器上的 RFID 标签，系统判断调度路径，经由 AGV 运输，到达指定工位卸货处（货到人运输）。整体调度过程，除手持扫码外，无其他人工操作，主要依靠系统对设备的启动、停止、运输路径进行操控。同时，为了保证运输的效率，系统对 AGV 进行了交通管控，保障运输路径的畅通与物流现场的安全。

2．物流管控系统功能

①系统具有角色、用户权限分配管理功能，定义不同角色和权限，并对系统的操作进行动态日志跟踪管理。

②系统可提供多种报表，包含日报表、月报表，提供灵活的报表平台，作业人员可以通过设置工具进行报表的自动调整，报表数据可导出为常用的电子表格形式。

3．物流管控

（1）原包装与空盛具入库

原包装或空盛具先入高位库规定的所属暂存区，由仓库作业人员通过手持终端扫描零件箱条码与托盘电子标签绑定。如果原包装上没有条码，则采用如图 7-22 所示的条码本进行扫描，实现原包装信息与托盘电子标签的绑定。

厂商名称	厂商代码	零件名称	零件代码	式样	条形码
A	AKGM	发动机盖隔热垫	FK7BR52189AA		
A	AKGM	隔音垫	FK7BR51884AB		
B	SFST	顶盖加强板	W703862S450		
K	NBHZ	仪表板	EM2BR513C54AB		

图 7-22　零件条码手册

在入库作业时，高位叉车叉取货物，系统通过车载读写器读取该托盘信息，并在叉车显示屏上提醒所对应的库位编码，如图7-23所示。同时，相应货架信号灯、库位信号灯亮起提醒。将托盘叉至相应库位，核对库位标签与系统显示库位一致时，放下托盘、确认、系统自动入库、上账、库位信号灯、巷道信号灯熄灭。

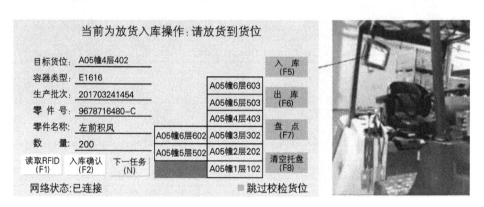

图7-23 智能叉车入库作业示意图

(2) 高位料架出库

中储MES根据生产作业计划需求，确定原包装与空盛具需求数量。WMS生成原包装出库信息，打印相应的原包装出库清单。出库时，系统通过车载显示屏通知高位叉车具体库位，同时相应库位货架信号灯、库位信号灯亮起提醒。叉车根据灯号指示和出库清单进行作业，将原包装运送到AGV路线入口，完成整个托盘出库过程。整个过程类似于SPS的电子灯选系统。此外，WMS将原包装信息与AGV控制系统进行关联。

(3) AGV库内运输

原包装放进AGV入口后系统自动前行，到达指定工位后，工位处读写器可获取AGV上的RFID电子标签信息，将信息反馈给AGV控制系统，完成原包装的库内运输环节。

(4) 换装出库

再包装工位完工后需要运输至出库待发区。再包装工位作业人员将零部件送到线边 AGV 出库路线站点，启动发货按钮，系统指示最近 AGV 小车将物料送到待发区。同时系统自动通知相应库位区域高位叉车取下一工单任务的原包装与空盛具，实现生产的同步拉动。

(5) 与 WMS 接口

原包装与空盛具入库、换装出库与 WMS 的数据接口以 1h 或 2h 时间间隔，定期按单位编码、零件号、批次汇总半成品入库数据，通过服务器反馈给物流系统。

综上所述，该项目针对中储生产、仓储、物流的特殊性，建立了仓储物流管控一体化系统。该系统采用信息集成技术，结合 RFID、电子灯选系统，按生产作业顺序计划，实现 AGV 系统、升降机系统、工位呼叫系统等物流输送设备和信息系统的智能化协同控制，实现整个中储生产、仓储、物流管控自动化。通过将信息网络技术与传统制造业相互渗透、深度融合，将现有物流设施资源效率发挥到最大化。通过 RFID 使物料信息在整个物流系统的各个环节被快速识别、快速传递，解决了 AGV 与工位的衔接问题。采用工位呼叫与系统结合，解决了工位实时需求问题。采用 WMS，实现库位的自动分配和防错功能。

7.3
中储轮胎智能排序配送系统规划案例

7.3.1 轮胎排序配送需求分析

整车厂对轮胎生产以及排序配送的及时性、准确性、可靠性等要求较高，主要体现在如下方面。

(1) 需求变化大

整车厂采用柔性化生产方式。总装车间混流生产 2 种以上车型，而且每种车型的轮胎配置通常会包括 3~4 种轮胎规格。因此轮胎总成的规格多，配送需求变化大。

（2）及时配送

整车厂总装生产线的生产节拍快，生产节拍最高可达60JPH。如果轮胎配送发生延误，会严重影响整车厂的正常生产。

（3）防错要求

轮胎排序配送属于一对一的配送模式，轮胎配送错误，会影响整车厂的正常生产。此外，轮胎排序系统存在轮胎补料、搬运等作业较多还是采用人工方式完成，人工出错概率较高。因此，必须具备完善的系统防错和异常处理机制。

（4）自动化要求

乘用车轮胎总成规格（如SUV）为大尺寸轮胎，轮胎重量大，人工搬运作业较为困难。

7.3.2 轮胎排序配送物流模式分析

轮胎排序的实现方式主要包括人工排序和自动排序两种途径。

1. 人工排序方式

人工排序方式是指由人工根据轮胎排序信息指示进行轮胎排序。传统轮胎排序作业几乎完全由人工方式完成。人工排序的主要业务流程如下：

①计划下达。通过整车厂ERP系统，获取配送计划，生成排序单。

②拣料作业。拣料人员用叉车将不同型号轮胎总成，由托盘存储区拣配至排序作业区域。

③排序作业。排序班组依据排序单次序，将托盘内轮胎总成由人工搬运到排序料架。

④配送作业。将排序料架放入物流配送车辆，由配送车辆运输至整车厂生产线对应工位，按生产节拍喂料，喂料完成收集空料架并返回，完成配送作业。

人工排序作业模式的主要不足包括：

①占用面积大。轮胎品种多，在中储排序区内存放各种规格轮胎，占用面积大。

②排序错误率高。人工排序主要依靠拣配作业人员的技能,高强度下容易发生错配。

③作业强度大。轮胎拣配与排序以人力搬运为主,作业强度大,长时间作业导致生产效率下降。

④作业效率低。轮胎排序时,叉车转运和人员作业交叉,现场流程不易管控,人员与设备的非正常停工时间较多。

⑤人力成本高、人员流失和作业熟练度也是人工排序作业方式不容忽视的不利因素。

2. 自动排序方式

自动排序方式主要是采用信息与自动化技术,由控制信息驱动自动化系统进行轮胎排序。此外,自动排序与立体仓库、JIS、条码/物联网的结合已成为轮胎自动排序的技术发展趋势。

德国奥迪生产物流通过整合上述技术为整车装配线提供成套轮胎总成。如图7-24所示,根据装配线所要求的顺序,排序系统从轮胎立体仓库货架上检索成套车轮。成套车轮通过两个阶段实现顺序组合,第一阶段将某一汽车所需的所有成套车轮放到一起,第二阶段是分配一批成套车轮到5条输送通道,从而将所需车轮按照相关装配顺序进行排序。排序集中起来,采用堆垛机进行堆垛。经算盘式输送机到发货口。自动排序系统排序效率与准确性高,但系统投入较大,对系统可靠性要求较高。

图 7-24 Audi 轮胎自动排序系统

某第三方物流公司承接整车厂的轮胎分装与配送业务，需要对轮胎自动化生产进行系统规划。在规划之初，公司结合自身实际情况，着眼于由传统制造向智能制造的转变。希望通过智能工厂信息化项目的建设，充分发挥自动化、数字化设备的优势，实现生产过程中透明化的协同管理、智能化的设备互联互通、智能化的生产资源管理与决策支持，从而全方位实现智能化的生产过程管理与控制。

根据整车厂要求，专用配送车辆的单车运输轮胎数量为 27 组，产能 25 万台时的轮胎排序配送作业时间为 30 min。根据整车厂产能规划，其量产数量、生产节拍在量产初期已达到较高生产水平，对轮胎配送的及时性、准确性、可靠性等方面具有较高要求。考虑整车厂的产能规划与所用轮胎特点，轮胎排序如果采用人工作业方式，作业强度较大，作业效率低，差错率高，将会对整车厂正常生产产生严重影响，降低整车厂的客户满足度。

鉴于上述考虑，在轮胎总成物流规划时，重点考虑 JIT 配送模式或 JIS 配送模式。该系统方案需要对轮胎排序策略、作业区布局规划、作业流程、作业方式、软硬件系统等方面进行整体规划，采用机械化、自动化和信息化手段实现轮胎总成的精益智能生产配送系统，满足整车厂及其后续产能提升的要求。

7.3.3　轮胎智能柔性排序配送系统规划

1. 系统规划原则

轮胎排序的主要作业内容包括备料、组配（备胎）、排序、发运等环节。轮胎自动排序方案包括布局规划、组配方式、自动化系统等方面。系统整体规划原则包括：

（1）精益原则

根据精益生产与物流理念，将作业活动分为三类。第一类为创造价值的作业，即为使产品增加价值的核心作业、用户愿意支付报酬的作业。对物流服务业而言，仓储管理、排序、预装配等活动可视为创造价值的作业。对于这类作业的改进目标为提高比例；第二类为不创造价值又无法消除的作业，即为边缘作业，不增加产品价值，但在特定的情况下必须进行、无法彻底消除的作业，如零件运输、工具搬运、使用拿取、上件行走等,物流作业中的大部分活动属于此类作业,对其的改进目标为减至最少;第三类为可消除的、不创造价值的作业,物流作业中各环节间的冗余缓存、集中要货、过多地交接核对等属于此类作业,对此类作业的改进目标为完全消除。

(2)系统防错原则

整车厂的总装线生产节拍较快,轮胎排序配送属于一对一的配送模式,一旦轮胎排序有误,会严重影响总装的生产计划。此外,轮胎具有规格多、需求变化大的特点,轮胎补料、搬运等作业目前还多以人工方式完成,人工出错概率较高。作为自动化排序系统,如发生设备异常,也会造成上述错误。因此,自动排序系统需要具备完善的系统防错和异常处理机制。

2. 轮胎总成配送模式与布局规划

轮胎分装作业区根据生产属性分为自动线作业区、手动线作业区、原物料区、成品区、排序区、检验区、办公区等。综合轮胎分装车间的作业区功能、物流走向、区域物流量和后续产能规划等因素,轮胎分装车间的整体布局规划如图7-25所示。

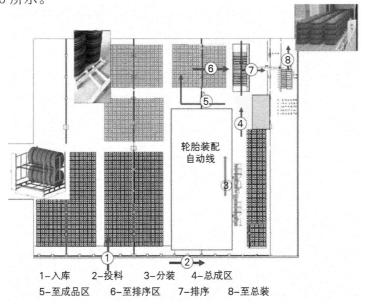

1—入库　2—投料　3—分装　4—总成区
5—至成品区　6—至排序区　7—排序　8—至总装

图7-25　轮胎作业区域规划

采用直线流和 JIT 思想进行生产布局规划。其中，轮胎总成出货区、排序区和成品区呈直线形布局，成品区规划尽可能靠近排序区，保证轮胎成品区向排序区及时供料。此外，轮胎总成自动排序系统的物流布局也要求呈直线形，具备直线物流原则的自动排序方案包括 T 形排序、L 形排序、单辊道排序和人工排序等。

(1) 鱼刺形自动排序方案

鱼刺形布局是从排序主线两侧进行轮胎上线供应，如图 7-26 所示。根据图示的车间整体布局规划，这种方案容易导致轮胎上线供应物流交叉，轮胎供应的物流距离和物流时间不均衡。此外，上线轮胎的消耗不易目视化，对物料供应指示系统要求较高。因此，该方案的整体排序效率存在一定不足。

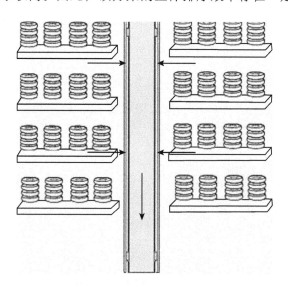

图 7-26 鱼刺形排序方案

(2) T 形自动排序方案

T 形方案实现了轮胎供应上线的同侧化，如图 7-27 所示。结合车间整体布局规划，这种方案可以实现轮胎供应上线的物流路线最短，同侧供应的物流作业时间相对均衡，且不易发生乱流现象。同时，上线轮胎的消耗情况易于目视化管理，有助于轮胎上线供应的快速响应。

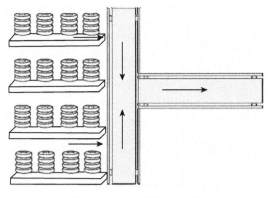

图 7-27　T 形排序方案

轮胎总成根据其需求量大小放置于相应的存货输送辊道。即需求量大的轮胎总成安排在靠近出口段的存货输送辊道，需求量小的轮胎总成放置于远离出口段的存货输送辊道。这种方案的轮胎排序与输送控制相对简单。根据整车厂车型和轮胎总成需求的变化，对轮胎总成进行 ABC 分类，定期调整对应的存货输送辊道，使轮胎排序系统具有一定的柔性。

此外，随着后续车型的增加，轮胎总成规格还会进一步增加，相应需要增加存货输送辊道。考虑轮胎分装的面积规划，T 形方案的扩展性较好。

(3) L 形自动排序方案

L 形自动排序方案是基于 T 形自动排序方案的一种优化，如图 7-28 所示。L 形方案的主要变化是排序辊道出口位于上线辊道一侧。由于离出口越远的轮胎总成，排序等待时间和至排序上线辊道出口的移动时间都会增加。如果整车厂的轮胎总成需求相对分散，L 形方案的整体排序效率会显著下降。

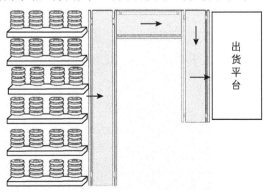

图 7-28　L 形排序方案

（4）单辊道自动排序方案

单辊道自动排序方案也是基于 T 形自动排序方案的一种变型，如图 7-29 所示。该方案是将 T 形排序方案中的排序上线辊道、排序辊道和排序下线辊道合并为一条辊道。该辊道同时实现上线、排序和下线功能。这种系统的优点是传输辊道距离减少，排序传输距离最短，排序效率最高。同时，方案所需的辊道和移载设备少。但这种方案的控制系统相对复杂，设备布局相对紧凑，对设备维护与维修作业存在一定影响。

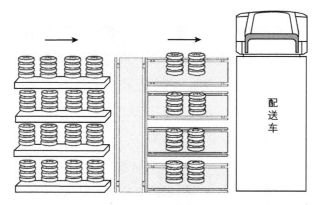

图 7-29　单辊道排序方案

（5）人机协作排序方案

人机协作排序方案是在 T 形自动排序方案基础上的一种低成本方案。如图 7-30 所示，其排序前段采用人工排序替代存货输送机和系统排序辊道，排序后段采用自动化的下线辊道和出货平台。

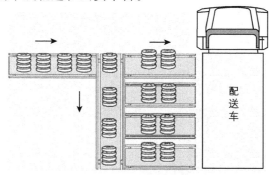

图 7-30　人机协作排序方案

人机协作排序方案主要是由人工完成排序过程。即轮胎总成排序人员根据排序指令和亮灯系统,从成品排序暂存区人工取料,放置在人工排序辊道上,排序辊道自动将轮胎总成输送至排序下线辊道,移送至出货平台。这种方式的特点是排序人工化、输送自动化。采用人工方式进行排序,主要通过亮灯指示系统进行必要辅助,自动化系统相对简单。人工排序对排序人员的作业规范要求高,人工排序的防错机制需要单独考虑与系统实现。

根据作业效率、投入成本、设备维护、生产可靠性等方面,上述四种方案的性能对比见表7-2。根据整车厂的产品战略和轮胎总成生产现状,轮胎总成自动排序方案采用T形方案。

表7-2 轮胎自动排序方案对比

方案 指标	T形	L形	单辊道	人机协作
自动化程度	高	高	高	一般
排序效率	较高	一般	高	低
排序质量	高	高	高	一般
设备投入	高	一般	较低	低
系统可靠性	一般	一般	较高	高
作业与维护	较复杂	较复杂	复杂	简单
人员投入	2	2	2	>2
系统柔性	一般	较低	低	高

T形轮胎排序线的具体规划需要考虑面积、作业便利性、物流、设备维护等实务因素。具体规划包括两种排序方案。

(1) 外排序方案

如图7-31所示,外排序就是将排序下线辊道和升降平台等设备布置在轮胎分装车间外,轮胎配送车辆在车间外进行排序轮胎的出货装车。这种方案可以节约排序作业面积,配送车辆操控方便,但机械化设备长期露天工作,下雨、潮湿等环境因素会对设备使用性能和可靠性产生不利影响。

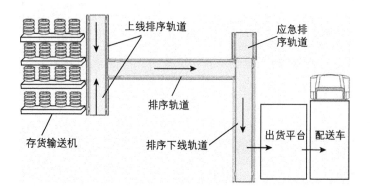

图 7-31 外排序布局示意图

（2）内排序方案

如图 7-32 所示，车间内排序是将排序下线辊道和出货平台移入轮胎分装车间，配送车辆在车间内完成排序轮胎的装车出货。这样轮胎排序线紧凑，搬运距离较短，适于人工应急排序作业，但物流配送车辆需倒入车间内部，对车辆驾驶员水平要求较高。此外，相比外排序的排序作业面积较大。

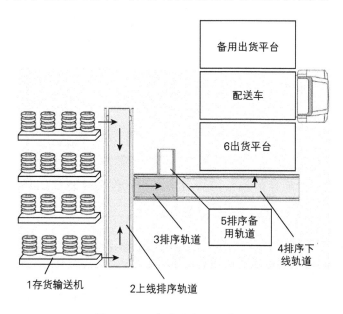

图 7-32 内排序布局示意图

综合上述不同的T形排序系统，从满足配送服务的角度，重点考虑设备性能与系统可靠性，采用车间内排序布局方式。

3．轮胎总成组配策略

组配是指根据车型和轮胎配比表，对落地胎与备胎进行组合。组配方式需要综合成品堆垛形式与组配策略进行确定。

落地胎成品堆垛采用专用料架，专用料架的堆垛形式包括4×4和6×4两种。采用4×4堆垛形式，易于直接进行落地胎与备胎组配。采用6×4堆垛形式，组配前需要进行6变4作业。

根据轮胎分装车间面积和整车厂产能规划进行测算。根据表7-3的面积测算，6×4堆垛形式可以满足后续产能扩展要求。从简化组配作业流程角度，成品料架先期采用4×4堆垛形式，这样组配和排序时不需6变4作业。后期根据整车厂的产能扩张，适时调整为6×4堆垛形式及其组配流程。

表7-3 轮胎料架堆码面积测算

整车厂产能规划	2015年		2016年		2017年	
	73163		191241		272460	
日产量(台)	544(量产)		664		946	
轮胎日需求量	2176		2656		3784	
料架规格	6×4	4×4	6×4	4×4	6×4	4×4
料架数量	91	136	111	166	158	237
3日库存料架数量	273	408	333	498	474	711
3日库存面积(m²)	846	1250	1020	1524	1450	2176

组配策略是指确定排序流程中组配节点。如图7-33所示，组配策略包括轮胎分装后组配、6变4后组配和排序后组配三种。鉴于项目采用4×4落地胎料架堆垛形式，可选的组配策略包括分装后和排序后两种。

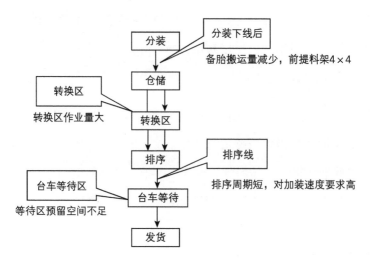

图 7-33 轮胎组配时间节点

(1) 排序组配同步策略

排序组配同步策略实质上是基于同步工程的思想,在轮胎总成排序过程中完成落地胎与备胎的组配过程,即在排序过程同步完成排序与组配两个作业内容。这种作业方式会造成轮胎在排序生产线上短停,进行备胎加装。考虑到排序辊道线速度变化与备胎加装,每组轮胎组配耗时约 30s。

由于整车厂对轮胎排序时间要求较高,轮胎配送时间要求为 27min,即 1min 需要完成 1 组轮胎的排序以及输送进轮胎配送车辆。若备胎加装耗时 30s,所剩排序时间对轮胎自动排序系统的生产节拍与控制系统要求较高,实现难度较大。

此外,就系统可靠性角度而言,将自动排序系统与自动组配系统集成后,单个系统出现异常时,会造成整个系统无法正常运作,且人工应急预案也无法有效开展,严重影响轮胎的 JIS 配送。

因此,将轮胎组配与排序分离,分段进行较为合理可行。

(2) 排序与组配分段作业

组配与排序分段策略包括排序前组配与排序后组配。排序后组配是指轮胎经排序流水线进入升降台等待辊道后再进行组配。排序前组配是指在落地胎分装完成后，排序作业开始前进行组配作业。考虑到轮胎分装整体布局与系统规划，项目采用排序前组配方案。

根据 ECRS 原则[一]，排序前分离策略方案采用成品堆垛同步组配方式，即机械手在完成自动线落地胎自动堆垛后，进行对应规格备胎的加装。组配结束后，叉车运送至相对应的成品库库位。这种方式的作业流程紧凑，生产效率高；无需专门增加组配作业区，节约生产面积。

4．智能排序系统设计

轮胎排序的主要工艺流程如图 7-34 所示。

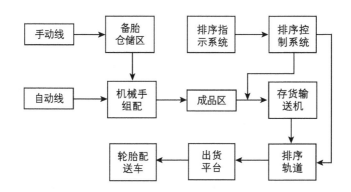

图 7-34　轮胎分装与配送工艺流程

轮胎自动排序时，首先根据整车厂 MES 广播系统的需求信息和排序信息，由自动排序系统进行自动排序，排序完成后，整体自动移送至轮胎配送车辆。轮胎配送车辆根据计划指令发运至整车厂总装车间，具体如图 7-35 所示。排序区物料供应是根据排序区轮胎总成的实际消耗情况，系统自动发出供料指示，人工根据指示进行补料作业。

如图 7-32 所示，轮胎自动排序系统由存货输送机、排序辊道、出货平

[一]　ECRS 原则指工业工程学中程序分析的四大原则，包括取消（Eliminate）、合并（Combine）、重排（Rearrange）、简化（Simplify）。

台、控制系统等组成。其中，存货输送机1包括一组存货输送辊道，每条辊道排列8组同规格轮胎总成，单组轮胎总成由4个成品胎和1个备胎组成。排序辊道由上线排序辊道2、排序辊道3和排序下线排序辊道4组成。上线排序辊道和排序下线辊道均由一组移载机和有动力传输滚筒构成。其中，排序辊道外接应急排序辊道5。出货平台6由9×3的平台构成。正常排序作业时，轮胎作业物流如图7-32中箭头所示，经1、2、3、4至出货平台6。

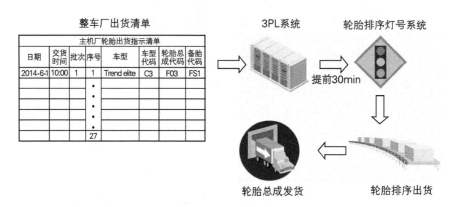

图7-35 轮胎自动排序系统示意图

自动排序流程如下：

①根据存货输送机上的轮胎实际消耗和排序信息，排序系统自动发出供料指示，由作业员从成品区进行补料作业。补料采用物料双灯号指示系统进行作业指示与物料防错。

②轮胎排序控制系统自动接收整车厂广播系统的轮胎总成排序信息。排序信息转换为控制信号后发给存货输送机，存货输送机推送相应轮胎总成，将轮胎总成依序输送至上线排序辊道。

③排序控制系统自动对轮胎排序辊道进行控制。根据轮胎排序信息，将排序上线辊道的轮胎总成有序传送至轮胎总成排序辊道、排序下线辊道。排序下线辊道专人（驾驶员）根据看板信息复核轮胎排序的正确性，防止系统排序错误。

④当排序下线辊道每完成9组轮胎总成排序后，自动进行9组轮胎总成横

移,将其移载至出货平台。

⑤当27组轮胎总成全部移载至出货平台后,出货平台液压顶升并横向输送至轮胎配送车辆。

5. 自动排序异常处理模式

排序作业异常的应急作业流程分为作业前和作业中两种。

(1) 排序作业前

如存货输送机、上线排序辊道出现软硬件故障,则自动排序系统切换为分段独立控制模式。如图7-36所示,根据排序指示系统,从应急排序辊道采用人工排序方式进行排序和上线。后段排序下线辊道和出货平台采用独立自动控制模式。

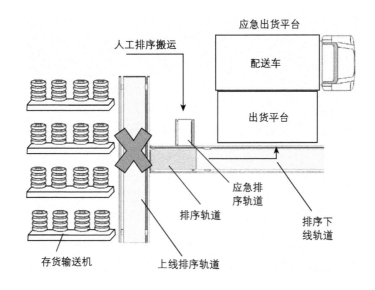

图7-36 人工排序应急作业示意图

当排序下线辊道、出货平台出现软硬件故障,则自动排序系统也切换为分段独立控制模式。如图7-37所示,存货输送机和上线排序辊道采用独立自动控制模式,排序后的轮胎经应急排序辊道,由人工推送至应急出货平台。

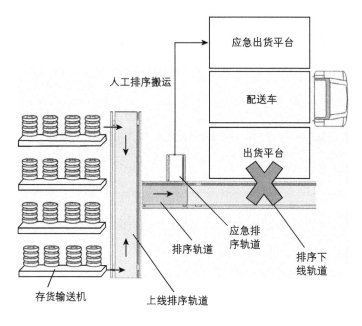

图 7-37 人工出货应急作业示意图

(2) 排序作业中

如存货输送机、上线排序辊道出现软硬件故障，则自动排序系统切换为排序下线辊道和出货平台分段独立控制模式。根据应急排序指示，人工完成后续排序。排序后轮胎经应急排序辊道、排序下线辊道和出货平台完成排序作业。

如排序下线辊道、出货平台出现软硬件故障，则自动排序系统切换为存货输送机和上线排序辊道分段独立控制模式。清空上线排序辊道上的已排序轮胎后，根据应急排序作业流程，上线排序辊道重新自动排序。排序后轮胎经应急排序辊道，由人工推送至应急出货平台。

轮胎排序系统出现软硬件整体故障，出现自动排序系统瘫痪。若灯号指示系统正常，则根据灯号指示系统或排序表单人工进行重新排序，并推送至应急出货平台。

排序备用辊道 5 的主要功能是应急作业和柔性排序作业。应急作业时的排序备用辊道的作业方式见表 7-4。

表 7-4 排序备用辊道功能说明

异常类型	异常内容	人工/系统应急作业方式	说明
排序作业前	1、2 故障/异常	1. 人工排序后推送至备用平台 2. 人工排序后经5、4、6完成	方式2整体升降,效率较高,走动距离略长
	4、6 故障/异常	1. 人工排序后推送至备用平台 2. 系统排序后经5、人工送至备用平台	方式2易保证排序正确,作业效率同方式1
	整体故障/异常	人工排序后推送至备用平台	整体故障异常主要是针对控制系统
排序作业中	1、2 故障/异常	1. 人工重新排序后推送至备用平台 2. 人工进行后续排序,经5、4、6完成	1. 方式2整体升降,传送效率高 2. 方式2可先完成本次应急作业后,后续方式1继续应急,整体作业效率高
	4、6 故障/异常	1. 人工重新排序后推送至备用平台 2. 系统重新排序后经5、人工送至备用平台	1. 方式2易保证排序正确,作业效率同方式1 2. 方式2可先完成本次应急作业后,后续方式1继续应急,整体作业效率高
	整体故障/异常	人工重新排序后推送至备用平台	
	系统排序错误	经5进行排序错误轮胎的更换	

同时,排序备用辊道还可以使轮胎自动排序系统具有一定的柔性生产能力。如图7-38所示,车型产量大的轮胎规格(A/B类)经自动排序系统进行排序,而备用辊道用作车型产量较少的轮胎规格(C类)的排序上线辊道。

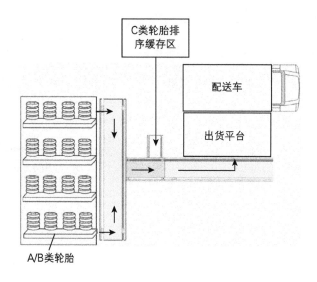

图 7-38 轮胎总成柔性排序示意图

对于 C 类轮胎总成，排序人员根据现场作业指示看板显示的 C 类排序信息，人工将 C 类轮胎总成通过备用辊道进行排序。自动排序系统根据整车厂的生产排序信息，将备用辊道上的 C 类人工排序轮胎总成与存货输送机上的 A/B 类轮胎再进行系统组合排序与输送。对于这种组合排序，自动排序系统要增加 C 类（备用辊道）的组合排序控制模块与现场排序指示看板。

6．系统特点与效益分析

轮胎智能柔性排序系统综合考虑物流、作业效率、作业质量、系统可靠性等多种因素，系统特点如下：

（1）作业效率

排序效率是自动排序系统的关键技术指标。轮胎排序从成品区搬运、存货输送机、排序辊道、发货平台均实现直线化物流。通过直线化物流，不仅物流距离缩短，物流时间减少，人员作业效率还得到有效提升。通过排序辊道布局优化、功能结构设计，进一步缩短了排序等待和排序输送时间，实现了快速排序。

自动排序系统的备用辊道，在应急作业时的排序效率要优于无备用辊道的作业方式，而且尽可能降低了人工作业的强度。当故障异常出现造成设备短停时，采用备用辊道应急作业较为合理，易于保证单车发运时间。此外，在组合排序作业时，其排序效率也会有所提高。

(2) 作业质量

轮胎排序的主要质量要求包括排序时间和排序正确。排序时间通过设备和人员效率提升、系统正常工作来加以保证。方案设计了异常应急作业模式，以此应对生产与设备异常。排序正确性主要是避免排序错误。系统防错机制采用自动防错和人工目视防错两种方式，防错效率高。

(3) 系统柔性

针对整车厂的轮胎规格变化和轮胎分装生产过程异常，通过软硬件手段实现生产柔性。通过采用备用辊道方式，实现了应急和组合排序作业等特殊作业模式。对于轮胎规格增加，可不需（或少量）增加存货输送辊道，采用组合排序作业方式予以应对。

(4) 系统成本

项目初期规划排序作业辊道 20 条，占地面积约为 $400 m^2$。如再预留 10 条，则后续排序区面积会达到 $600 m^2$。而在备用辊道自动组合排序方案中，存货输送机辊道仅需规划 14 条，面积为 $280 m^2$，面积成本大幅降低。

备用辊道自动组合排序方案只需要增加少量设备（1 台移载机和 1 段输送辊道），设备投入不大。备用辊道用于 C 类轮胎总成排序作业时，存货输送机的辊道数量和对应排序上线辊道所需移载机数量可以减少。若采用组合作业，存货输送辊道的规划数量还可进一步减少。因此，设备采购、使用、维护等综合成本也将大幅下降。

综上所述，采用轮胎总成自动组合排序方案，可实现拉动式物流供货模式，通过使用自动化排序和移载系统，以及模块化的精益生产模式，可大幅降低操作差错率和工人的劳动强度。中储在导入轮胎分装精益布局与轮胎智能柔性排序系统后，有效满足了整车厂对轮胎配送的要求。该方案在物流布局、作业与维护、系统防错、系统可靠性、异常处理和产能提升等方面均得到使用部门的积极评价。

参考文献

[1] 刘树华,鲁建厦,王家尧. 精益生产[M]. 北京:机械工业出版社,2009.

[2] 李震宇. 精益物流实施精要[M]. 北京:机械工业出版社,2016.

[3] 陆薇,宋秀丽,高深. 汽车企业物流与供应链管理及经典案例分析[M]. 北京:机械工业出版社,2013.

[4] 王萍,胡祥卫. 汽车物流管理[M]. 北京:北京理工大学出版社,2015.

[5] 周康渠. 汽车精益生产物流设计与管理[M]. 北京:机械工业出版社,2012.

[6] 徐雯霞. 汽车物流与信息技术[M]. 北京:北京理工大学出版社,2015.

[7] 胡元庆,曾新明. 汽车制造物流与供应链管理[M]. 北京:机械工业出版社,2015.

[8] 王清满,张爱明,王海华. 图解精益生产之看板拉动管理实战[M]. 北京:人民邮电出版社,2016.

[9] 陈琳琳,陈平,范家春. 零部件拣配系统 SPS 的规划与设计[J]. 汽车与配件,2016(15):76-79.

[10] 马钧,缪震环,申丽莹. 大众与丰田零部件入厂物流模式对比研究[J]. 汽车工业研究,2014(5):49-52.

[11] 金光,乐德林,冯鸿,等. TPS 在广汽丰田物流系统的应用及借鉴意义(上)[J]. 物流技术与应用,2013(2):110-115.

[12] 金光,乐德林,冯鸿,等. TPS 在广汽丰田物流系统的应用及借鉴意义(下)[J]. 物流技术与应用,2013(3):122-127.